中國舞蹈哲學史
樂記篇與中國舞蹈理論之濫觴

廖抱一　著

五南圖書出版有限公司

典範在夙昔

　　約莫三十年前，當我第一次接觸舞蹈時，感動我的，是跳舞的人。舞者們專注的神形、飽滿的情感、緩急頓迴的步伐、呼吸吐納的熱度，似乎表露出人生的歷程與人情冷暖，透過舞蹈，我看見一群舞者用自己的生命力，努力生活著。如是，在其後的歲月中，我懷著感動與敬仰，投身到舞蹈研究的行列中。

　　三十年來，社會環境不斷變遷著，今日舞蹈工作有更多的場地可以表演，亦有較多的培育贊助辦法，在工作場域還引進諸如文化創意產業之概念，在教學場域並倡導就業傾向與產官學合作等評鑑標準，這些變革，企圖標舉出兼顧理想與現實的重要性。誠然，在三十年前，或許從事文史哲研究及藝術工作的人真的維生不易，為理想備嘗艱辛，因而從此以往的改善方向，就是讓這些人能獨立謀生，活的下去。從這個角度來看，今日的文創產業及就業傾向標準，確實解決了一些問題。然而，由此而生的風氣，一不小心，即很容易使舞蹈工作過度偏重商業包裝、市場機制、及娛樂功效，三十年前的那種跳舞的人的動人生命力，會不會在職場中就此漸漸淡了去呢？

　　值得思考的是，所謂兼顧理想與現實，即是充分而快速的就業與謀生嗎？恐怕這是一個很容易產生的誤解。我以為，物質生活的改善與對現實的妥協，應是意味著能換個方式，更好的一點一滴的累積起自己的能力、見識、與所需的條件，這反而或是一段更長的、等待理想的累積、與其最終成熟體現的時間過程，而非急功好利的求成。

　　再者，三十年前的那些文史哲與藝術人士，真的過不下去了

嗎？也恐怕未必，但看在更艱辛的年代裡，如民國以來的那些戰亂歲月，其中不也蘊藏著許多大師嗎？王國維、陳寅恪、梁漱溟、沈從文、朱自清、林徽因、台靜農、錢穆、傅斯年、胡適、顧頡剛、劉半農、劉文典、吳宓、章太炎……等等，咸為一代之大宗師，身繫文化傳承的命脈。這些人不也在更為困難的處境中，體現了其畢生的信念？由是，我體會到，三十年前感動我的那股舞者的生命力，正和這些艱辛歲月的人們的生命力，是同一種脈動。

　　當新的一代人開始過著輕鬆容易的營生時，表面上生活改善了，感覺好像兼顧了理想與現實，但會不會驀地裡已失去了些許珍貴的人的內涵、精神與能耐？在如是的社會風尚中，是否很容易出現了一種盲點，只看當下，卻忘了古來先賢的身影，忘了「典範在夙昔」？

　　從上述那種在歷史中一以貫之的人的生命力脈動與感動之中，我們或可體認到，不論有無觀眾，舞蹈是一種生命精華的展現，是人與天地、與大我的歷史、與人群等互動的媒介，是生活的縮影。如果我們再把這種體會，視為是舞蹈很重要而根本的一個必要成分，那麼，我們即開始在思索「舞蹈是什麼」的問題。

　　誠然，人總不是盲目的去從事一件事，而是受到某種精神及思惟的引導，才逐漸發展下去。思索舞蹈的內涵價值暨「舞蹈是什麼」的舞蹈哲學，其重要性及功能即在茲，它能幫助舞蹈工作者將所珍愛的舞蹈，體現得更加透澈而光輝。基於這樣的信念，我期勉自己能將長久以來對於舞蹈的感動，化作對於舞蹈哲學的反思，而能有點滴貢獻注入其中，這本書即是交出來的成績單。

　　如是，我亦懷著一種熱情，不憚疏漏，在這本書中將研究之心得發現分享給大家。我以為這本書有幾個值得閱讀的特點：

　　一、運用新史料《郭店楚簡》來斷定《樂記》年代，這是前人所未見、今人所未論者也。

　　二、關於舞蹈哲學的專著非常稀少，本書乃是一本較爲完整的專著，並提出了一些新的觀點，尚可供做爲研究中國舞蹈發展史的基礎。

　　三、在既有的先秦哲學領域中，「心性論」的議題討論者衆，但關於「情」之命題則較少成爲關注焦點，本書提出了較爲完整的關於「情」的思惟發展脈絡，或可補充「心性論」中之不足。

　　四、本書論證了《樂記》之思惟，並非屬荀子一派。其著作年代，亦非在漢代之後。

　　五、本書闡明了「禮」的發展，乃是在「樂」之後，而非在「樂」之前。

　　這本書的初稿，其實早在2007年即已寫就。其中的主要觀點，並在當年所舉辦的「海峽兩岸當代舞蹈論壇」中發表，做了一次一個小時的報告。其結果，乃獲得與會的臺灣舞蹈界師長同儕們一致的讚賞，及來訪的中國大陸舞蹈學者如劉青弋、歐建平等熱情的肯定。有了這些敬仰的師長同儕們的鼓勵，使我確認了自己從大學歷史系時代，到歷史研究所，再到英國拉邦中心讀博士，以至回國任教時，所累積起來的史學方法的訓練，及對歷史與哲學的認識，是眞的存在的。累積的重要性，以往只是聽得師長說，此刻卻眞的體現在自身。由此，我對於學術研究，除了原有的基本自信外，開始更鼓足了勇氣，期待能對我所衷愛的歷史文化，注入更多的心血與貢獻。這本書的初稿及當年的那場論壇，成爲我生命中一個很重要的里程碑。

　　就此，我需要謙卑的感謝這些舞蹈界的師長同儕們，若沒有大家所給予的機會，我即不能如此體證自身；若沒有大家的包容與鼓勵，

我亦不能如此學習與成長。舞蹈界的人們，一以貫之的是如此的感人至深。

　　我還要感謝臺北體育學院舞蹈學系的同儕們，在我開始任教以來，即不斷的給予我各種協助，包容我的錯誤，分擔我的工作，與我一起教學討論，交流心得，這才讓我在工作崗位上得以繼續而順利的成長，並進行學術研究。沒有這麼好的環境，我的人生會是另一種樣子。

　　我最深的感謝，要獻給我身邊的家人——我的父母、弟弟、妻子、及甫出世半年多的女兒。若沒有家人的陪伴、支持、包容、教導，我不會有時間或能力寫成這本書，我的性格與思惟深深的受到父母的影響與形塑，並植基於我的家庭生活。這即是我觀看自身與這個世界的出發點。

　　其實要感謝的人太多了，舉凡身邊曾與我互動的、帶與我成長的、與我教學相長的……每一個都是我生命中的貴人。自本書初稿於2007年寫成之後，又歷數年，其間不斷檢驗書中所論之內容，探查有無遺漏或新出的史料，而足以影響我的立論者，直到今年，覺得這幾年的沉澱，似乎可以先告一段落，因之將本書付梓。然內容或仍有疏漏之處，但祁師長同儕學生及各方博雅君子，更能不吝教正。

廖抱一

2013年4月24日

序於臺北抱樸樓

目錄

導　言

　　在中國恆遠的歷史文化中，與舞蹈相關的活動，可追溯及遠古時代。本文旨在探討並釐清中國從舞蹈最早的發展階段中，蘊育出了那些觀點與內涵，同時此舞蹈觀對於後世，又植下了什麼樣的基礎，使得舞蹈實務得以更豐富而多元的發展。

　　中國舞蹈哲學最早的完整的論述可見於《樂記》中，其中論及舞蹈的本質、元素、結構、功能、及分析法等。而老子與莊子的學說，更進一步確立了「意象」之為中國舞蹈的核心元素，提出關於意象如何界定，及闡述神韻和意象流轉編排之觀點，並第一次提及可相通於表演技法之相關理論。東漢至唐初時，又因佛教的傳入中國，使舞蹈美學有了新的發展，進入討論宇宙虛實及人心本質之最內在而遼闊之境界。綜觀中國舞蹈理論的發展，可以發現其與中國儒家、道家、佛家之哲學關係密切，或說中國舞蹈理論乃源於儒釋道哲學之匯流，自春秋戰國之濫觴，發展至中唐時，已達到一成熟圓融之境地矣！在這個基礎之上，其後乃可有元明清戲曲理論諸大家之論述出現。而意象之使用及其所涉及之內涵，傳承演變至今，在民族舞蹈、戲曲、民間藝陣、祭祀歌舞、及部分臺灣的現代舞編創上，皆突顯了這些舞蹈的特殊形式及文化特質，使其有異於其他舞蹈。本文即以《樂記》為中國舞蹈理論之核心及發展主軸之起始，從而檢視舞蹈內涵與歷史文化的關聯。

　　關於中國舞蹈哲學的研究非常少。今日可見關於舞蹈的論述，多半是受西化或意識型態限制而生之觀點，視舞蹈為娛樂、藝術、溝通感情、規範禮儀或社會教化的一環，然而，在中國歷史中，舞蹈其實更積密的與文化內涵的傳承衍化，及人的生命觀、世界觀、歷史觀相連繫，舞蹈即是人與歷史時空整體互動的縮影與結晶。無視於此，在舞蹈史的寫作上，即產生對時代背景扭曲，對舞蹈內涵與功能的認知

流於片斷零散，甚或晦澀貶抑，依附於政治權勢的情形。在實務上，也因為無視於人與環境的互動，使舞蹈僅淪為理性邏輯的演算工具或形式，而透過身體經驗與生活實踐過程所涵養的豐富內涵隨即被腰斬。因此，不僅從闡揚歷史文化的角度來說，探明舞蹈如上述之內涵是一個重要的切入點，從舞蹈本身的傳承創新來說，詳實深入的探究中國舞蹈哲學亦有一定的重要性，是承先啟後的根本。

關於《樂記》的研究則有一定數量，但多半是將討論侷限於音樂的領域內，而沒有涉及舞蹈、表演或身體經驗之探究。在對《樂記》內容的疏解會通上，其方法亦多有缺失，例如今日對《樂記》之文意及寫作時代有所爭議，即源於於研究方法之不適。而若欲從《樂記》來探討舞蹈哲學，則首先要釐清以往之研究方法如何不適，及探究何者才能適用。

《樂記》之研究方法，如何評定何者為適，何者為不適呢？首先可以指明的是，《樂記》為一古文經典文獻，[1]而古代文獻的校讀，是一個包含了許多互有關聯的小項目工作的大系統。這些小項目工作，總體而言，可分為「文獻材料的真偽鑑定」及「材料內容的虛實考正」兩類。以現代的語彙來說，前者被稱為史學的「外考證」，後者被稱為史學的「內考證」。這兩個現代名詞，最先是由德國史家伯倫漢（Ernst Bernheim, 1850-1942）所提出，然該分法大抵為中外史家所承認之因，非為其挾全球西化之勢，而乃是這兩類本就是史學中

---

1 宋代馬端臨《文獻通考》自序談到文獻：「凡敘事則本之經史，而參之以歷代會要，以及百家傳記之書。信而有徵者從之，乖異傳疑者不錄，所謂文也；凡論事則先取當時臣僚之奏疏，次及近代諸儒之評論，以至名流之燕談，稗官之紀錄，凡一話一言，可以訂典故之得失，證史傳之是非者，則採而錄，所謂獻也」。這段話指出，文獻非僅限簡冊紙帛之記錄，生活之言行舉止亦包括於內。文獻之義，不只是史事之考證，且包括義理之考察。文獻是史學與經學共同之基礎。

　　極為根本的工作或通則，不論東方或西方史學，都必得以之為基礎。因此，在具有悠久史學傳統的中國來說，這些小項目的工作群，其實早有厚實的治學方法經驗，分屬於辨偽、校讎、訓詁、考據等學，這四門學問互有統屬重疊，並非完全不同的學門。以往研究《樂記》的學者，幾乎咸從此出發，欲分析以往研究方法的得失，則必先對這四者有所了解。

　　以下第一章及節二章，即先談方法論的問題。以辨偽、校讎、訓詁、考據四個學門中，所常用的幾個核心工作為綱，來綜合討論「文獻材料的真偽鑑定」及「材料內容的虛實考正」兩類工作。首先檢核這些方法對於《樂記》之著作年代問題，是否適用及其成效優缺。其次從四個學門中，融鑄出一個可以有效的用於考證《樂記》年代，及剖析其思想脈絡之方法架構。在第三章中，則具體考證《樂記》之著作年代，並對其中之關鍵思想進一步加以剖析。在第四章及第五章中，則詳細分析《樂記》中所蘊涵的舞蹈哲學，及其對後世舞蹈理論與實務，及中國學術發展的影響與貢獻。

第一章　《樂記》外考證
——比對志書、體例及引文

　　「文獻材料的真偽鑑定」指的是對文獻史料的產生時代、產生地點、著作者、及文獻史料原形的確定。如果研究古籍文獻不辨其時空背景，梁啓超於《古書真偽及其年代》中已指出，於史蹟方面，將造成歷史演化系統之紊亂，及社會背景混淆，並易顛倒事實是非，從而影響於道德及政治。而於思想方面，將同樣造成時代思想紊亂及學術源流混淆，因而易使學者枉費精神而得致錯誤之果。[1]

　　在傳統的學術領域中，這類工作大多歸於辨偽之學。歷朝有許多學者皆談到辨偽的方法，[2]而總其要，可以明代胡應麟《四部正譌》所提出檢核偽書之八法爲代表：

　　1.覈之七略以觀其源
　　2.覈之群志以觀其緒
　　3.覈之並世之言以觀其稱
　　4.覈之異世之言以觀其述
　　5.覈之文以觀其體
　　6.覈之事以觀其時
　　7.覈之撰者以觀其託
　　8.覈之傳者以觀其人[3]

　　其中前二條指出辨偽之法，首先可以透過比對史志或收錄文獻名目來進行。

1　梁啟超，《古書真偽及其年代》（臺北：臺灣中華書局，1969），頁2-13。
2　例如西漢劉向《別錄》（已亡佚）、劉歆《七略》（已亡佚）、二十四史之藝文志或經籍志、明代宋濂《諸子辨》、明代胡應麟《四部正譌》、清代姚際恒《古今偽書考》、民國黃雲眉《古今偽書考補正》、梁啟超《古書真偽及其年代》、張心澂《偽書通考》等，皆爲辨偽學之入手書。
3　胡應麟，《四部正譌》（臺北：臺灣開明書店，1969），頁76-77。

第一節　史志或收錄文獻名目之考察

　　對鑑別先秦文獻來說，可資比對之史志及目錄，即爲《別錄》、《七略》、及《漢書‧藝文志》。《別錄》爲劉向所作，其於西漢成帝時，奉詔校對並編輯西漢前之文獻典籍，蓋經秦皇焚書及漢初鼓勵獻書，有關先秦典籍之情形不明，於是劉向乃將所收納的書，認爲可信爲先秦著作的，條列篇章名目，並做簡單的摘要，進呈給漢成帝，後集而寫成《別錄》。西漢末葉時，劉向子劉歆繼承父業，將其父所遺漏或失誤的部分做了增補修訂，並對先秦文獻建構起清楚的分類，另外寫成《七略》一書。到了東漢初，班固以《七略》爲本，保留其文獻分類及篇目條列，但刪去各類之摘要，另稍增補一些西漢時之著名著作，寫成《漢書‧藝文志》。

　　由於《別錄》、《七略》、《漢書‧藝文志》乃是經三位大學者所考訂過的目錄，同時兩漢時代又距先秦不遠，三人於考訂時佔有許多優勢，因此歷朝歷代的學者咸以爲這三本書是鑑定先秦文獻最根本的依據，若一文獻三書皆沒有收錄，該文獻則爲後代僞造。

　　然而，現代著名的目錄學大家余嘉錫於《古書通例》中指出欲辨古籍眞僞，即使依照史志及目錄所載來鑑別，仍然可發現有遺漏及未收入者。就《漢書‧藝文志》來說，有明見於《漢書》的本紀列傳，確爲劉、班時書，而《漢書‧藝文志》卻未收者數種。如〈楚元王傳〉記載「元王亦次之詩傳，號曰《元王詩》，世或有之」，[4]但是〈藝文志〉卻沒收。另如〈禮樂志〉中記載「今叔孫通所撰禮儀，與律令同錄，臧於理官，法家又復不傳，漢典寢而不著，民臣莫有言

4　《漢書》（臺北：商務印書館百衲本，1981），漢書三十六，〈楚元王傳〉，頁503。

者」，[5]此乃班固自言叔孫通曾寫禮儀之書，但因藏於宮中，屬於國家法典，因此不像其他著作一樣被收錄進史志中。《後漢書・曹褒傳》言：「班固上叔孫通《漢儀》十二篇」，[6]是班固得書而不錄入史志之證言。

　　此外，余嘉錫還指出，

　　前漢末年人著作，未入中秘者，《七略》不收，《漢書》亦遂不補也。《七略》之作，由於奉詔校書，故當時人著作，成書較後者，皆不收入，班固直錄《七略》新入者僅三家，劉向、楊雄，以大儒負盛名，杜林《蒼頡訓纂》，因其為小學書，家絃戶誦，故破例收入，其餘皆不甚留意。〈王莽傳〉之《樂經》，〈律歷志〉之《三統歷》，並不見錄，他可知矣……〈藝文志〉於漢時書，不盡著於錄，證之本書，章章可考。其他古書，真出於西漢以前而不見於志者，皆可以三例推之。[7]

　　除了余嘉錫所舉之例外，南宋學者王應麟作《考證》時已增入不著錄之書27部，民國學者章炳麟、顧實等亦曾舉出其他遺漏。由上，如胡應麟所立之綱而在傳統中被深信不疑之法，經余嘉錫等治學大家所檢核後，依其經驗而補註曰：「據史志目錄以分真偽之法，不盡可憑也」。[8]

5　《漢書》（臺北：商務印書館百衲本，1981），漢書二十二，〈禮樂志〉，頁222。
6　《後漢書》（臺北：商務印書館百衲本，1981），後漢書三十五，〈張純、曹褒、鄭玄傳〉，頁539。
7　余嘉錫，《古書通例》（臺北：丹青圖書有限公司，1986），〈案著錄第一〉，頁4-5。
8　余嘉錫，《古書通例》（臺北：丹青圖書有限公司，1986），〈緒論〉，頁4-5。

　　從上述比對史志之辨偽法則及治學大家之經驗談，來對《樂記》之成文年代及著作者做考證，並檢視前輩學者們所提出之說法，可以發現，這樣的做法其實所得有限，並不能對《樂記》年代作者進行有效鑑定。

　　前輩學者們所提出的說法，大抵分為幾種：有認為是戰國初年之公孫尼子所作，有認為是西漢河間獻王劉德所作，亦有認為是兩漢間的許多儒生所共作。不論是那一種說法，考之文獻，可見皆是從以下三段材料為本所做的推斷。

　　第一段乃是《漢書‧藝文志》中，班固據《七略》所記載者：

　　武帝時，河間獻王好儒，與毛生等共采周官及諸子言樂事者，以作樂記，獻八佾之舞，與制氏不相遠。其內史丞王定傳之，以授常山王禹。禹，成帝時為謁者，數言其義，獻二十四卷記。劉向校書，得樂記二十三篇，與禹不同，其道浸以益微。[9]

　　第二段乃是東漢末葉古文經大家鄭玄對《樂記》及《別錄》所做的考證：

　　名曰《樂記》者，以其記樂之義，此於《別錄》屬樂記。蓋十一篇合為一篇，謂有〈樂本〉，有〈樂論〉，有〈樂施〉，有〈樂言〉，有〈樂禮〉，有〈樂情〉，有〈樂化〉，有〈樂象〉，有〈賓牟賈〉，有〈師乙〉，有〈魏文侯〉，今雖合此，略有分焉。[10]

9　《漢書》（臺北：商務印書館百衲本，1981），漢書三十，〈藝文志〉，頁439。
10　《禮記》（臺北：藝文印書館十三經注疏版，1956），第十九，〈樂記〉，頁662。

　　第三段則是《隋書‧音樂志》中單獨出現的一句話，記錄沈約答梁武帝問樂：

　　　　晉中經簿無復，《樂書》、《別錄》所載，已復亡逸。案漢初典章滅絕，諸儒捃拾溝渠牆壁之間，得片簡遺文，與禮事相關者，即編次以為禮……樂記取公孫尼子。[11]

　　從第一段材料中，可知班固所見之《樂記》收錄有兩個版本，一是漢武帝時河間獻王劉德與毛生等所編或作，而由王禹所傳之《樂記二十四卷》，一是漢成帝時劉向所收之《樂記二十三篇》。今天所見的《樂記》，則出於武帝與成帝間之漢宣帝時，戴聖所編輯之《小戴禮記》四十九卷中之第十九卷，內文或可更細分為十一個小篇章。由於《漢書‧藝文志》本身並沒有將這三者間的關係異同交待清楚，因此學者們的分歧意見，即在於判斷《禮記》之《樂記十一章》與《樂記二十三篇》及《樂記二十四卷》之間的關係。

　　有學者認為，如果可確定《樂記十一章》真為劉向所收錄，則可斷言《樂記》應是先秦文獻。可是，既然劉向之《別錄》及劉歆之《七略》已亡佚，無法比對《漢書‧藝文志》所載是否屬實，並查看《樂記十一章》是否即是劉向《樂記二十三篇》中之十一篇，因此，寧可持懷疑的態度而不予採信《樂記》被劉向所收。反之，在《漢書‧藝文志》中有稍為明確的說詞：「河間獻王好儒，與毛生等共采周官及諸子言樂事者，以作樂記」，雖然不無輕信之嫌，但仍比前者

可信，因而主張《樂記》及河間獻王劉德所作，非先秦文獻。[12]

　　另一方面，有學者認爲《樂記十一章》即是劉向《樂記二十三篇》中之十一篇，其所依據者，即爲第二段材料中所示鄭玄的考證。鄭玄似乎有看過劉向《別錄》，並比對過《樂記十一章》與《樂記二十三篇》中的篇章名目是相符合的。其後唐代的孔穎達在編撰《禮記正義》[13]及張守節在寫《史記正義》[14]時，皆引用了鄭玄的說詞，而持相同的觀點。後世學者即相信鄭玄之說，認爲《樂記》爲先秦文獻。[15]

　　第三段材料則提出新的說法。《隋書》的主編是唐太宗時代的名臣魏徵，其所記南朝沈約回答梁武帝的話中，指出劉德之《樂記二十四卷》及劉向之《樂記二十三篇》到了晉代時皆已亡佚，《禮記》第十九篇之《樂記》與兩者的關聯異同實不可考，但《樂記》卻可知乃是摘取自先秦時人公孫尼子的著作。至於爲何可知，沈約並無多作說明，魏徵亦無多加考證。學者們只是如同相信《漢書·藝文志》河間獻王「以作《樂記》」的肯定語氣一般，相信了《隋書》中魏徵與沈約的說詞。[16]

　　另外，清代馬國翰編輯《玉函山房輯佚》時，曾收納《公孫尼

12　持此說之學者，例如：陳玉秀《雅樂舞的白話文》、敏澤《中國美學思想史》、蔡仲德《中國音樂美學史》、李昌銘《對於樂記的成書年代與作者的質疑》。

13　《禮記正義》爲《五經正義》之一部，《五經正義》是唐太宗命孔穎達主持對周易、尚書、毛詩、禮記、春秋之集註編修，召集當時儒生，所共同完成的書。唐高宗時做了最後修訂，才公諸於世。

14　《史記正義》爲《史記》三家注之一。其文附於《史記》篇章之中。

15　持此說之學者，例如：朱光潛〈中國古代美學簡介〉、孫星群〈樂記成書於戰國中期的力證〉。

16　持此說之學者，例如：楊蔭瀏〈中國古代音樂史稿〉、呂驥〈樂記理論新探〉、郭沫若〈公孫尼子與其音樂理論〉、李業道〈先秦的社會學──樂記〉。

子》十五條佚文，[17]其中一條來自唐玄宗時代的徐堅《初學記》引《公孫尼子》「樂者審一以定和，比物以飾節」，[18]另一條來自唐德宗時代的馬總《意林》引《公孫尼子》「樂者先王所以飾喜也。軍旅者先王所以飾怒也」。[19]這兩條確實可見於《樂記》之中，然徐堅與馬總是否見過《公孫尼子》全文，或只是曾從《樂記》中抄錄該兩條，而依《隋書》所記，將之歸於公孫尼子，則不得而知，但憑學者自由採信。[20]

　　由於上述學者的判斷，皆出於「相信」，而非明確的文獻辨證，因此，另有學者認為無論是出於劉德或公孫尼子之說皆不可信。這些學者另考慮到《樂記》的十一章中有許多文詞是與《荀子‧樂論》、《呂氏春秋》、《淮南子》等等秦漢之際之古文獻相同或相似，因此主張《樂記》乃是西漢的儒者所共同編寫的文章，後來收入《禮記》中，而非先秦時所作。[21]

　　綜觀上面的幾種說法，可以得到如下的評斷：首先，史志中的文獻內容，本身即無法清楚的提供必要的資訊，以供判斷《樂記》的成文年代，或與《別錄》、《七略》間之關係。第二，學者們所各自採用的說詞來源，不論信與不信，皆有所弊。一方面，班固所言劉德作《樂記》、鄭玄所言劉向收《樂記》、魏徵與沈約所言《樂記》取公孫尼子，皆只為一人一家之言，在史料上並無法找到直接佐證，如果

---

17 馬國翰，《玉函山房輯佚書》（清光緒九年長沙　嬛館補校刊本，1883），卷六十五，〈公孫尼子〉，頁10。
18 徐堅，《初學記》（臺北：鼎文出版社，1976），卷十五，〈雅樂〉，頁367。
19 馬總，《意林》（臺北：藝文印書館，1965），卷二，〈公孫尼子〉，頁19-20。
20 徐復觀，《中國藝術精神》（臺北：學生書局，1966），頁10中曾就此做過討論。
21 持此說之學者，例如：王夢鷗《禮記校正》、〈樂記考〉、徐復觀《中國藝術精神》、勞思光《新編中國哲學史》、歐蘭香《試論樂記的成書與內容特色》。

相信的話，有點單薄，失之輕信。另方面，班固、鄭玄、魏徵等，皆
爲當世之大家學者，而其所言又不必相互矛盾，《樂記》可以爲公孫
尼子於先秦時所作，收於劉向《別錄》，而記載於班固《漢書・藝文
志》中，爲劉向《樂記二十三篇》中之一部分，如果不信，則又過於
懷疑，失之於武斷。因此，從這些評斷中可知，《樂記》不論是否見
於《別錄》、《七略》及《漢書・藝文志》，並不足以稱說其是或非
爲先秦時之書，除非有新史料出土或新的辨僞校勘法，否則分歧意見
似難有一定論。

第二節　文字體例及引文之考察

　　透過考察一篇文獻之文字體例，及其他文獻中對該文獻之引用文句，如同比對史志目錄一般，亦往往可以幫助「文獻材料的眞僞鑑定」，辨別該文獻史料的產生時代、產生地點、著作者、及文獻史料原形。是故在辨僞法則中，亦包含了文字體例之檢核，如胡應麟《四部正譌》中所述之第三、四、五、六條：「覈之並世之言以觀其稱、覈之異世之言以觀其述、覈之文以觀其體、覈之事以觀其時」。

　　如此之辨僞法則，其實已和訓詁學有所重疊。訓詁學乃是研究文字音義之學問。歷史學者甲凱於《史學通論》中嘗解釋「語文方面，凡字音、音形、字義、文章，每一個時代皆有其特點。如果能在古文字學方面下功夫，必可由此辨古書的眞僞」。[22]最著名之例，即爲瑞典漢學家高本漢教授（Prof. Bernhard Karlgren, 1889-1978）所著之《左傳眞僞考》，其中援引中國文字古音古義之考據，以證《左傳》產生的年代，胡適曾爲其作序並盛讚之。

　　除了辨僞學與訓詁學外，校勘學[23]也同樣把焦點放在如何考察文字體例及引用文句上。現代著名的校勘學大家張舜徽於《中國古籍校讀指導》中解釋，

　　古書傳世既久，自然免不了存在許多錯誤。特別是雕版印刷術沒有盛行以前，書係手寫，更容易以譌傳譌，舉凡字體的缺謬，語句的脫落，乃至衍文增句，無所不有。假若不能找到比較好的本子和比較

---

22 甲凱，《史學通論》（臺北：學生書局，1985），頁78。
23 校勘學，古稱校讎學，《太平御覽》（臺北：大化書局，1977），卷六百一十八，〈敍圖書〉，頁2776：「《劉向別傳》曰：讎校者，一人持本，一人讀析，若怨家相對，故曰讎也。」

早的本子去校對，便很難考見古書原來的面目；更無由進一步探索其中的內容了。所以校書工作是讀書過程中最重要的工作。[24]

　　如此，文獻在傳抄過程中，多一字或少一字，即會影響內容義理之領會，及時空背景之掌握。張舜徽以《漢書·藝文志》爲例，其中記載漢武帝末，魯共王壞孔子宅而發現《古文尚書》，後來「安國獻之」，孔子的後人孔安國將該書獻給漢武帝。然對照《史記·孔子世家》，其中記載「安國爲今皇帝博士，至臨淮太守，蚤卒」，似乎孔安國在漢武帝中期時即已謝世。如此漢武帝末時，安國已卒而何能獻書？《史記》與《漢書》必有一誤，《古文尚書》的發現年代、進獻年代，及孔安國的生卒都成疑問。其實，這個問題已由清初學者閻若璩及朱彝尊考證後，依荀悅之《漢紀》所載，校訂爲「安國家獻之」，《漢書·藝文志》中脫一「家」字。[25]

　　張舜徽另以《後漢書·鄭玄傳》爲例，其中記載鄭玄「不爲父母昆弟所容」，而此似乎與鄭玄做爲一代古文經學家之持穩德行有違，袁宏《後漢紀》中即盛讚鄭玄德行：「鄭玄造次顛沛，非禮勿動」。對於鄭玄人格德行之懷疑，直到清乾隆六十年，阮元在山東學政任內，到鄭玄故鄉拜謁時，偶得一石碑，與《後漢書·鄭玄傳》相校對下，始發現「不爲父母昆弟所容」其實應爲「爲父母昆弟所容」，《後漢書》中多了一個「不」字。而此一字之衍文，使鄭玄受誣逾千

---

24 張舜徽，《中國古籍校讀指導》，收入《中國古籍研究叢刊》，（臺北：維明書局，1983），頁99。

25 張舜徽，《中國古籍校讀指導》，收入《中國古籍研究叢刊》，（臺北：維明書局，1983），頁105-107。

年矣。**26**

　　以文字體例及引文之校對，來辨別原文獻之內容正誤及釐清其著作年代，一般來說是很可行的，以這樣的方法來檢核《樂記》，確實也將有一些重大的新發現。所謂新發現者，乃因爲在1993年時曾於湖北出土了一批竹簡，稱爲《郭店楚簡》，其中簡文，有可與《樂記》相校核比對處，其中亦是以一字之差，而使《樂記》與《郭店楚簡》兩者之獨特性彰明不少。由於這是新出土的文獻史料，因此以往研究《樂記》的學者，尚未注意到此「一字之差」的重要性，亦沒有機會對此做精細的研究。關於此點，以下（第二章）論及《樂記》內容思想時將有詳細分析。

　　至於以往學者對《樂記》所進行的文字體例及引文之校對，則有一些評斷值得提出。以文字體例與引文來校讀古文獻，特別是先秦文獻，需要注意到一些限制，這些限制，其實乃源於先秦文獻之獨特寫作方式與背景。

　　首先，張心澂《僞書通考·總論》指出，印刷術發明前，特別是先秦時代，學者寫作的環境是很辛苦的，有獨特的限制：「古人寫字用簡冊刀錐，及進而用竹帛毛筆漆書，均不若今之紙墨之便，更不如印刷術發明後流傳之廣」，因此，古人記述言論，即有一種與現代人不一樣的習性——古人不自著書，而由門人學生記之，或古人著書不以爲是自己的思想，而視作是公天下的言論。

　　在政治界或學術界重要之人，其口說及行事，往往由其門人或

---

26 張舜徽，《中國古籍校讀指導》，收入《中國古籍研究叢刊》，（臺北：維明書局，1983），頁108-110。

後人記之，孔子所謂述而不作是也……章學誠曰：『古人之言，所以為公也，未嘗矜於文辭而私據為己有也』（文史通義・言公上）。[27]故在孔子以前本無自行著書之事，即偶有所言，或係受前人之語，或係一己之思想，筆之於簡冊，亦以備遺忘，無所謂書之體例。其簡冊傳於他人或後人，即以其所言者應用。嗣後復展轉相傳，連經傳者自己之思想偶筆之於簡冊者，亦一併相傳。書為應用而設，不為傳名而設，故簡冊流傳，其著者姓名，即不自著於冊，亦往往湮沒弗彰。[28]

《論語》、《管子》、《莊子》皆是其例，非由孔子、管仲、莊子自己書寫，而是由其門人記錄其言行，有時並加入各自的闡發應用之說，而成其篇。基於這樣的認識，於是余嘉錫對於以校勘文字而辨偽，在《古書通例》中有補充說明：

考之本書以驗其記載之合否。然古書本不出自一人，或竹帛著自後師，或記敘成於眾手，或編次於諸侯之客，或定著於寫書之官。逸事遺聞，殘篇斷簡，並登諸油素，積成卷帙。故學案與語錄同編，說解與經言並載。又箋注標識，混入正文，批答評論，咸從附錄……是則即本書記載以分真偽之法，容有未盡也。[29]

以往有學者批評《樂記》的十一章中，有些是觀點論述，有些是對話語錄，似乎在體例上不一致，而內容有時精簡，有時又針對不

---

27 此引文見章學誠，《文史通義》（臺北：盤庚出版社，1978），〈言公上〉，頁35。
28 張心澂，《偽書通考》（臺北：宏業書局，1979），頁16-17。
29 余嘉錫，《古書通例》（臺北：丹青圖書有限公司，1986），〈緒論〉，頁5。

同的小議題（如禮樂功能）詳加闡述，似乎筆法也不一。特別是發現有些段落，也曾類似的出現於其他古文獻中，如戰國時的《荀子‧樂論》、戰國與秦代之際的《呂氏春秋》、及漢初的《淮南子》等，因此主張《樂記》乃是在漢代時不同人對古文獻的抄錄匯編，非先秦之作。**30**

　　然而，由上述張心澂與余嘉錫的校勘經驗觀之，這些對《樂記》文字體例的批評，或許是對古文的書寫環境限制與習性不了解或誤解。蓋《樂記》者，可爲先秦學者記錄其師尊所教導之言，因而論述與語錄同編或不足爲怪矣。另外《樂記》中論述有詳細與提綱之別，或爲將師者的「經言」與學者對「經言」的「說解」並載的情形，或是代師記述的傳言者將自己的箋注標識，混入正文的情形。因此，文體風格之不一致，並不足以推斷《樂記》非爲先秦之作，甚至如此不一致的文體，似更符合先秦時人的著作習性。以《樂記》而言，依文字體例來校定成文年代，似不是一個有效的可行之法。

　　在引文的考察方面，本來，若是文獻在引用時有註明出處，那麼引文則有辨別著作年代之用。如甲凱《史學通論》中解釋：

　　　如甲書稱引乙書或乙書的作者，史學家便可以推定乙書一定在甲書以前……此極明顯之事實，爲考史的簡單辦法。可惜舊日文人著書稱引前著，往往不標明著述的年代，令後人難明，即使是博雅如顧亭林，他所作《日知錄》亦有此病，爲此增加考證的困難。**31**

---

30 如王夢鷗《禮記校證》及〈樂記考〉、歐蘭香《試論樂記的成書與內容特色》。
31 甲凱，《史學通論》（臺北：學生書局，1985），頁77-78。

　　然而，引文需說明出處乃是今人的習性，越是遠古之人，基於前述的寫作環境限制與習性，在文獻稱引上亦有異於現代人的作法。張舜徽《中國古籍校讀指導》中解釋，

　　古人引書，不一定完全符合於原文，做到一字不差。特別是在引用之際，有節略其辭的，也有引用書意的。這在顧炎武《日知錄》卷二十，已經說的很清楚。至於倉卒引用的時候，將原來文字弄錯或將內容顛倒了的，更不可勝數。**32**

　　這種習性，即呼應前述章學誠所說「古人之言，所以為公也」的觀念，亦符合張心澂所解釋，古人著書記述乃是為了「備遺忘」，而可供人「以其所言者應用」，即利用同樣或類似的詞句再自行增刪改寫，以表己意。事實上，這種著書的體例，古稱「述」或「編述」，以別於使用全新文詞來論說新觀點之「作」或「著作」。**33**

　　以往學者對《樂記》的批評中，有以不同引文間多或少幾個字為由，而判斷《樂記》非先秦之著述者。如徐復觀於《中國藝術精神》中，比較《玉函山房輯佚》所收納《公孫尼子》與《樂記》相關的二條佚文，指出來自徐堅《初學記》引《公孫尼子》「樂者審一以定

---

32 張舜徽，《中國古籍校讀指導》，收入《中國古籍研究叢刊》，（臺北：維明書局，1983），頁128。
33 古代書籍的寫作體例，大要可分為「著作」、「編述」、「抄纂」三大類。所謂「著作」，乃指所寫的內容，在詞句上及意涵上，皆是前人沒有說過或記載過的，第一次在這部書內出現，這才算是「著作」。所謂「編述」，是在許多可以運用的材料基礎上，加以修改，或增減字句，或補充發揮，有時與原材料之意相同，有時產生新的延伸意涵，改編為另一種形式的書籍出現，這便是「編述」。而「抄纂」乃指直接將所收集到的材料，排比而纂輯成編的集子。有關這三大類體例，可參見第二章中的討論。

和，比物以飾節」之文，比《樂記》在句子開頭少了一個「故」字。
而另一條來自馬總《意林》引《公孫尼子》「樂者先王所以飾喜也。
軍旅者先王所以飾怒也」之文，比《樂記》除了在開頭少一發語詞
「夫」字，及句中少了連詞「之」字外，主要在「軍旅」下少了「鈇
鉞」兩字。徐復觀因而以為，《公孫尼子》如果確有其文，且成文於
戰國時期，「《樂記》中引用此文，卻無端多出鈇鉞二字，這在引書
的例子裡也是很少見的」，[34]隨之認為《初學記》與《意林》應係轉
引自《樂記》，而《樂記》成文於漢初，其中有許多抄錄《荀子·樂
論》的片段。

　　類似的例子，亦可見於以《史記·樂書》與《樂記》的相比較
上，由於《史記·樂書》開頭多了對秦漢樂歌創作的綜述，結尾亦多
了對舜與紂樂的批評、晉平公聽師曠鼓琴、及太史公評論等段，有學
者即以為《樂記》乃成於《史記·樂書》後，摘錄《史記·樂書》片
段而成。亦有學者以同樣理由，卻持相反意見。[35]

　　然而，如果明瞭了前所述及的古人引文習性，以之來檢討諸如上
述以引文來斷定《樂記》年代的作法，可知這些斷定皆屬無效。引文
中所少之字，或為轉述者為圖便利所省，或為脫字。而引文中所多之
字，或為傳述者理解並記憶原文時，自然產生的不影響原意的用語更
動。更有甚者，引文有所更動，乃因使用該引文之古人所為，是一種
「編述」文體，而非「著作」。於是，從引文間的字詞與字數比較，
想得出關於文獻著作年代、釐清何者為轉鈔者、何者為原文獻，至少

---

34 徐復觀，《中國藝術精神》（臺北：學生書局，1966），頁11。

35 見歐陽淑卿〈禮記樂記篇之音樂治療觀及其在情意教育上的涵義〉，及王夢鷗《禮
　　記校證》（臺北：藝文印書館，1976），頁275-278。

以《樂記》而論,是不能的了。

有鑑於這些情況,余嘉錫《古書通例》亦做了補充小結:

考之群書之所引用,以證今本是否原書。然古書皆不免闕佚。蓋傳寫之際,鈔胥畏其繁難,則意為刪併,校刻之時,手民恣其顛頇,則妄為刊落……是則援群書所引用,以分真偽之法,尚非其至也。**36**

從以上的討論中,可以做一個小歸結。考察史志目錄、文字體例、及引文之法,對《樂記》而言,皆不是鑑別著作時空背景之有效良法。而在辨偽、校勘及訓詁中,另有以思想來辨證之法。考察文獻思想,將不只是有鑑定文獻真偽、著作時空之功,同時亦有考證文獻內容,釐清思想脈絡之效。於此,將使文獻校讀從「外考證」進入「內考證」。

---

36 余嘉錫,《古書通例》(臺北:丹青圖書有限公司,1986),〈緒論〉,頁5-6。

第二章　《樂記》內考證
——思想脈絡之考察

第一節　考鏡思想源流的方法

　　以思想來考察《樂記》的著作年代，同時釐清與《樂記》相關的學術發展脈絡，即是開始直接探究《樂記》對歷史文化內涵所做的貢獻。思想考察的方法，在辨偽、校勘、訓詁學中多有闡述，考據學中亦多有著墨。此外，由於涉及思想內涵及歷史脈絡，這樣的探究終將超出單一文獻的校讀，而成為以該文獻為核心或基礎的歷史評論或經義釋析。如此，在研究的方法上，除了上述四學之「外考證」與「內考證」外，更可援引相關的歷史解釋法或哲學分析法。

　　在辨偽學中提及的思想考察法，可以梁啓超於《古書真偽及其年代》中所述為例。梁啓超指出幾個原則：

1.從思想系統及傳授家法辨別
2.從思想系統與時代的關係辨別
3.從專門術語與思想的關係辨別
4.從襲用後代學說辨別[1]

　　依其說，欲辨偽則需知文獻內涉及何種家法所用之「特殊關鍵字詞」，及已從其他文獻中整理出來的鄰近思想脈絡大綱，然後可以將兩者間的呼應關係或可能的搭配解釋做一個比對分析。

　　同樣的在校勘學中，藉著比對各個不同的版本或相關文獻，除了修正錯誤的字詞章句外，更是要釐清學術脈絡。章學誠《遺書外編》曾說：

1　梁啟超，《古書真偽及其年代》（臺北：臺灣中華書局，1969），頁53-57。

校讎之學，自劉氏父子，淵源流別，最為推見古人大體。而校訂字句，則其小焉者也……絕學不傳，千載而後……世之論校讎者，惟爭辯於行墨字句之間，不復知有淵源流別矣。[2]

張舜徽《中國古籍校讀指導》亦認為，「古人由校書而敍目錄……所謂目錄、版本、校勘，都只是校讎學的幾個組成部分」。因此，今天雖然校勘學與目錄學各有所專司之務，「古人最初，是沒有這些區別的」（頁59）。[3]

由章學誠及張舜徽的話中可知，古代校讎學中，同時包括了「考鏡源流」及「校讀版本及字句正誤」的工作，後世漸將這兩者分別開來，以目錄學特指前者，以校勘學特指後者。然而，就算現代將這兩名目分開，但考證章句的校勘學做到一定程度，自然即會轉換成辨章學術的目錄學。此故，章學誠《校讎通義》序所言「辨章學術，考鏡源流」，[4]實可謂校勘學與目錄學共通之最高標的。

要達到這標的，精通校勘學的歷史名家陳垣曾著《元典章校補釋例》，[5]其中列舉了四項已被當成是校勘學基本方法的工作：

對校法即以同書之祖本或別本對讀……本校法者以本書前後互

2　章學誠，《章氏遺書外編》，卷一，〈信摭〉，收入《章氏遺書》（臺北：漢聲出版社，1973），頁822。

3　張舜徽，《中國古籍校讀指導》，收入《中國古籍研究叢刊》（臺北：維明書局，1983），頁59。

4　章學誠，《校讎通義》，收入《叢書集成新編・第三冊》（臺北：新文豐出版公司，1985），頁342。

5　陳垣，字援庵，《元典章校補釋例》為中研院史語所1934年印行時之原書名，其後中華書局於1959年重刊本時改其名為《校勘學釋例》。

證，而抉摘其異同，則知其中之謬誤……他校法者以他書校本書。凡其書有採自前人者，可以前人之書校之；有為後人所引用者，可以後人之書校之；其史料有為同時之書並載者，可以同時之書校之。此等校法，範圍較廣，用力較勞，而有時非此不能證明其訛誤……理校法者遇無古本可據，或數本互異，而無所適從之時，則須用此法。此法須通識為之，否則魯莽滅裂，以不誤為誤，而糾紛愈甚矣。故最高妙者此法，最危險者亦此法。**6**

　　對於像《樂記》一般的古文獻來說，因其涉及古人特殊的寫作環境與習性，因此靠文獻及引文相互比對的「對校」、「本校」、「他校」等法多半成效不彰，如第一章中已討論過的。於是「理校」或為唯一可行之法，而其關鍵，乃為「須通識為之」，從各種史料中進行分析會通之綜合判斷。

　　考鏡源流其實也是訓詁學的一個宗旨。《說文解字》記載，訓者，「說教也」，詁者，「訓故言也」，**7**因此訓詁之本義，即為解釋故人之言，順其理以教人。發展至清代，訓詁學已開發出幾個不同的研究層次。最基本者，乃探究文字本身，即字詞之本意、引申義、假借、通假等，於此，以東漢許慎《說文解字》為基礎。其次為章句之傳、注、疏、解，即古文獻之解釋，而以《爾雅》為代表。其三為文章文脈之釐清，此即分析一篇文獻中，其語法句型結構、段落安排、文脈理路的發展，乃至語義的衍化等，於此，可以清代俞樾《古

6　陳垣，《元典章校補釋例》，收入《叢書集成三編‧第十八冊》（臺北：新文豐出版公司，1996），頁409-411。
7　許慎，《說文解字》（北京：中華書局，1963），頁51-52。

書疑義舉例》爲例。其四爲經文互訓，此即將訓詁學與文化研究連爲一氣，蓋同一時代之字詞，其義多相近，而可觀學術思想之發展脈絡。《史記・太史公自序》所載司馬談論六家要旨、《穀梁傳》疏解《春秋》經義多本於《論語》、《春秋》多與《左傳》《公羊傳》《穀梁傳》合讀、二十四史內諸〈藝文志〉或〈經籍志〉對文獻的分類綜述、或歷代學者對某一家之言的專門探究，皆是此類之例。

　　對《樂記》的年代考證與內容闡述來說，上述的第一、二層次似無大功效（如第一章所述），而第三、四層次即呼應了辨僞、校勘、目錄學中所欲達成的辨章學術脈絡或「理校」，乃爲可以試行之道。余嘉錫《古書通例》亦言經文互訓之可助釐清思想脈絡：「一時有一時之文體，一代有一代之通例。參互考較，可以得其情；排比鉤稽，可以知其意」。**8**

　　然而，需注意的是，經文互訓不能驟行，必得先確定該文獻之時空背景，方能挑選同時空、相類似的文獻與之互訓，否則就會張冠李戴，反而扭曲了歷史及學術發展的脈絡。現代學者周碧香於《實用訓詁學》中補注，訓詁方法的運用需注意：

　　一是釋詞〔援引文獻〕的時代性和地方性，一定要和語料〔被訓文獻〕的時代性與地方性相合。二是訓解詞語必須符合語境，故而，每次的訓釋之後，必須放入上下文之中，檢驗是否相符……如是，才能做到義通的解讀與訓釋。**9**

8　余嘉錫，《古書通例》（臺北：丹青圖書有限公司，1986），〈緒論〉，頁6。
9　周碧香，《實用訓詁學》（臺北：洪葉文化，2006），頁136。

　　如是，則上述訓詁學第三、四層次的方法應用，即應先以第三層次之文脈分析爲根基，等到文章理路及所涉文義之特色都掌握到，並能與相近之時代背景做一比較後，方能辨視出該文章應屬之時代，乃能進一步挑選合適之互訓經文，進行第四層次的訓詁。關於《樂記》內容思想的考察，有的學者即因沒有注意到第三層次之訓詁工作，即上下文、前後文脈的關聯，以致產生斷章取義之嫌，例如李澤厚及劉綱紀《中國美學史》、王夢鷗《禮記校證》中，皆稱《樂記》基本思想屬於荀子學派，然而此說其實很有疑問（在下文中會有所討論）。另有學者過早將《樂記》置入特定的思想流派中，以不合適的學說與之相比對，如此等於在預先設立的公式中，尋求《樂記》可能的定位，例如龍珲〈二十世紀樂記研究綜述〉中，論及關於《樂記》思想體系的哲學基礎，已指出有三類學者：第一類學者將《樂記》歸於自然哲學及唯物論，如呂驥〈試論樂記的理論邏輯及其哲學思想基礎〉，第二類將《樂記》歸於唯心論，如蔡仲德〈樂記哲學思想辨析〉，第三類將《樂記》歸於唯心與唯物的混合體，如修海林〈樂記音樂美學思想試析〉。然而，熟悉中國哲學者立刻可以指出，中國哲學的核心議題，即在闡述身心合一及物我同化，亦即小我與大我的融合無分，[10]而熟悉西方哲學者也立刻可以指出，西方近世與當代學界已然對唯心與唯物觀提出無數質疑與修訂。[11]如此，以預設立場做研

10　如方東美、胡適、唐君毅、謝幼偉、吳經熊、陳榮捷、梅貽寶等哲學名家，於此皆有所闡述，可見《中國人的心靈》，另可見如勞思光《新編中國哲學史》、牟宗三《中國哲學十九講》、馮友蘭《中國哲學史》、牟宗三《中西哲學之會通十四講》等。

11　可見Bertrand Russell: *History of Western Philosophy*. Anthony Kenny (ed.): *The Oxford Illustrated History of Western Philosophy*. Bryan Magee: *The Great Philosophers: An Introduction to Western Philosophy*.

究，其弊之深，不言而明。

考據學中亦有考鏡學術脈絡、思想源流的方法。考據學的淵源甚長。自《漢書・河間獻王傳》記載劉德所言「實事求是」一語，到唐代劉知幾《史通》中〈疑古〉、〈惑經〉等篇，到清代乾隆嘉慶時考據學大作紛出，最著名的如王鳴盛《十七史商榷》、錢大昕《廿二史考異》、及趙翼《廿二史劄記》，考據學已發展成爲一門對史料中之史實進行精密考證的學問。

甲凱《史學通論》中曾條列出考據學進行考證的基本方法大綱：

1. 先召集所有的證人，查考其證據來源，目擊者的材料價值高，傳聞者的材料價值低。
2. 證據的時間，必須予以確定，凡在時間上愈接近事實的證據，其價值愈高。
3. 證人的偏見或感情，應加辨認和批評，因史家的主觀在所難免。
4. 分別證據為主證或佐證。
5. 注重反證，如反證之力量超過主證時，主證即應放棄。[12]

第一、二條中所談到的證據來源，及其距事實的遠近，即史家所謂的原手史料、轉手史料之別。而第三條中所說的證人偏見感情或史家的主觀問題，即是劉知幾所倡的「史才」、「史學」、「史識」，

12　甲凱，《史學通論》（臺北：學生書局，1985），頁60。

及章學誠所倡的「史德」。其中所講究者，不只是考史論史時須要求公允，不能存有私心，同時亦如朱熹所言「切己體察」，對所論之事能有真心的體驗、體會、體認、及體貼，以自身經驗與他人經驗相印證，方不至於有隔靴搔癢之弊。關於證據，甲凱尚有補充說明，除了一般證據及注意反證外，還要注意新史料的發掘、實物印證，及史料內容中的矛盾，而歷法、干支、紀年、避諱等客觀史實，往往也有助於考證。

　　從廣泛的史料來源，將證據都收集起來了之後，就可更進一步運用比較法、歸納法、綜合法、分析法等，釐清與歸結史實，考證一件事的實情到底為何，或一個人的言行思想究竟為何。甲凱《史學通論》以清代的考據學家為例，

　　如譙周、崔述，據經典以正傳記，多用求源法；司馬彪、劉知幾，據竹書以疑經典，多用比較法；李心傳、萬期同據國史，公文，實錄以正私家記述，是求源法和比較法的合而並用。此外，又如錢大昕的《廿二史考異》是用比較法，王念孫的《讀書雜誌》是用歸納法；王鳴盛的《十七史商榷》和趙翼的《廿二史劄記》則是比較、歸納二法的兼而用之。[13]

　　其中，求源法的據經典，包含了辨偽學中之考察史志目錄相近似。比較法的比對文獻內容，包含了校勘學中的考察文字體例引文相應合。而歸納法、比較法、求源法等等，又或可與訓詁學的經文互

---

13 甲凱，《史學通論》（臺北：學生書局，1985），頁98。

訓、及校勘學的理校之效相應。於此，考據學的方法在某種程度上與辨僞、校勘、訓詁有所重疊，只是考據學的研究重點，更特別放在史實及文獻內容的辨證上。

將考據學用於《樂記》時，由於其爲一篇哲學性的論述，與史實比較無關，[14]因此考據學的考證之功，乃在對《樂記》中的各種思想脈絡的釐清，有如思想史或學術史的研究撰寫一般。在此，經學與史學有一個交合點。

從上述所討論的辨僞、校勘、訓詁、考據學中，綜合整理有關考察思想與學術脈絡的方法，可以融鑄成一個可以有效運用於分析《樂記》的架構與步驟。

首先，依考據學中對史料的檢驗標準（史德、史才、史學、史識），與人相關的證據，查核其著作文獻的情況是否可以被探信，換言之，即是澄清有關先秦兩漢時代之寫作環境與習性，釐清對古人著書的可能誤解。

第二，依考證四學（辨僞、校勘、訓詁、考據），欲鑑定一文獻之思想，可比對與其可能相關的諸時代背景，因而對《樂記》而言，可先行整理從先秦到東漢間的歷史文化脈絡，並從該脈絡中尋找與《樂記》相關、又能代表時代背景的文獻，以備與《樂記》比對之用。所謂與《樂記》相關，乃指文獻中包括有與《樂記》相類似的段落文句，或關切的議題，曾被以往學者以爲與《樂記》相互抄襲者。

第三，依訓詁學的標準，考察《樂記》之文脈，找出值得注意的特殊字詞、段落、及特殊文義。爲使文脈及特殊文義更爲彰顯，還可

---

14 《樂記》的作者未知，其生平自不可考，而《樂記》中也沒太多與樂舞相關的歷史事件，故亦不可考。除非有新史料及文物的出土。

依考據學中之比較法,將《樂記》與其他文獻相類似的段落做一文義之比較。

第四,將《樂記》的文脈,與前面選出的代表不同時代背景的文獻相互比對,以看出異同,進而依考據學的歸納法、校勘學的理校,推論《樂記》年代。

第五,待《樂記》年代較為明確後,挑選同時代相關文獻。而依訓詁學之經文互訓,對《樂記》之內容思想與歷史文化內涵,進行更深一層的分析。

在這個分析架構中,一個核心的工作即是相類似的段落文義比較。於此,在現代哲學研究的領域中,還有二個哲學分析法可以被融入運用:比較法及基源問題研究法。

現代哲學中之比較法,其實與考證四學中所用之比對異曲同工,可以說此法在中國哲學史上已有深遠的淵源。其重點,即在藉不同思想與陳述的比對,使雙方的異同更為顯著。唐君毅《哲學概論》中曾解釋:

　　由比較,而使同異皆顯出,同以異為背景,而同益彰其同;異以同為背景,異亦更見其異。由是而使同異皆得突顯,而所比較之對象之具體的個體性,亦皆得突顯。而吾人之比較之思想活動本身,亦因而有更清楚豐富之思想內容。故吾人之從事對哲學思想之比較研究,亦即使吾人之哲學思想本身,升進為能綜合所比較之哲學思想,以成一更高之哲學思想者。[15]

---

15 唐君毅,《哲學概論》(上)(臺北:學生書局,1985),頁201-202。

　　基源問題研究法，是勞思光於《新編中國哲學史》中所提到過的
方法，其概要，乃以為一位哲學家或思想的脈絡，往往是圍繞著一個
或數個核心問題所生，因此，欲釐清其脈絡，只要找到該核心議題，
即可順其理。該核心議題，即稱為基源問題。[16]

　　欲研究《樂記》中的樂舞思想及世界觀，正適合於藉用基源問題
研究法及哲學比較法，將《樂記》與其他相關文獻中，文句類似但文
義或有不同之段落，分析其所涉議題是否相同或是相異，比較對於相
同議題的解答，是否呈現相同或相異的觀點，如此可以判斷《樂記》
的寫作年代、思惟特色、及相關的思想脈絡。

　　以下即就上述規劃之分析架構與步驟，對《樂記》進行分析。

---

16 勞思光，《新編中國哲學史》（一）（臺北：三民書局，1987），頁14-17。

第二節　先秦著書習性之考察

　　《樂記》也好，或是其他將與之相互比對的古文獻也好，都是先秦兩漢時代人的撰述，張心澂《偽書通考‧總論》曾言，「因不明古時情狀，昧於古書之來源，以今人著書之法例之，由誤會揣測，而某書於是在某種情勢之下，遂躋於偽書之列」，[17]因此為避免對古文獻的內容形式誤解扭曲，不可不知當時人的書寫習性及讀書樣態。

　　古人的讀書與撰述習性，在第一章第二節中其實已有討論，故此即將之再進一步摘要歸納為幾項。

　　一、在讀書方面──由於簡冊取得不易，因此大部分皆要透過「抄錄」與「背誦」兩者，才得以保有一篇文獻，而能對其內容再三領會。張舜徽舉例：[18]

　　當我們的祖先處在沒有雕版印刷術的年代裡，讀書是十分艱苦的。歷代史籍以及文集筆記中所載有關勤於鈔書的事實，太多了，不能在這兒盡舉……如王氏〔王鳴盛《十七史商榷》〕所說，古人對於幾部最基本的歷史書籍如《史記》《兩漢書》，都是熟讀成誦的。熟誦了的，恐其易忘，尚必手鈔一編；沒有讀得太熟的，還必再鈔……到了宋代，雖印刷術已普遍使用於刻印經史群書，然而蘇軾尚說：『余猶及見老儒先生，自言其少時欲求《史記》、《漢書》而不可得。幸而得之，皆手自書寫，日夜誦讀，惟恐不及』（見《李氏山房

---

17 張心澂，《偽書通考》（臺北：宏業書局，1979），頁16。
18 《顏氏家訓‧勉學篇》中另曾記載，東莞臧逢世，在二十多歲時，想讀班固的《漢書》而不可得，後來好不容易借到了，又不能久借，於是只能到姐夫家，要了許多廢紙，將一百篇的《漢書》全部鈔成了一部。這即是中國古代學子們在書籍傳播不易的環境中，努力抄書向學的一個典型例子。

藏書記》）。**19**

　　由於讀書是如此艱難，在傳抄背誦之際，難免會有將文獻背錯，或以自己會通的意思，自然而然的更動數字以順口，或在抄錄中產生衍字、脫字、訛字、甚至段落文句放錯位置的情形。雖然有這些狀況，但對文獻本身而言，後世學者一方面要靠校勘等學將文獻訛誤盡量校正，另方面卻不必以這些訛誤為由，而以該文獻為偽，或否定其價值。

　　二、在撰寫方面──如第一節所言，古人多半都是由門人學生，將老師所講的話與義理記下來，其記錄中又多半會參雜併入自己的注解或意見。如果有引用其他著作的言論，也往往不注來源，且非一字不差的引用。因此，文體風格不一、論述簡詳不一、及討論重點不一，是古書特有的性質。張舜徽於《中國古籍校讀指導》中特將古書的體例加以闡明：

　　　閱讀古代書籍，便必須首先辨明古人寫作的體例，才不致拿今人寫作的規格，去衡量古人。古代書籍的寫作體例，大要可分為『著作』、『編述』、『抄纂』三大類……所謂『著作』，按照古代的要求，是專就創造性的寫作說的……都是前人沒有說過或記載過的，第一次在這部書內出現，這才算是『著作』。所謂『編述』，是在許多可以憑藉的資料的基礎上，加以提煉製作的功夫，用新的義例，改編為另一種形式的書籍出現。儘管那裡面的內容，不是作者的創造

---

19 張舜徽，《中國古籍校讀指導》，收入《中國古籍研究叢刊》（臺北：維明書局，1983），頁76-77。

而是從別的書內取來的；但是經過了細密的剪裁、鎔鑄，把舊材料變成更適用的東西，這便是『編述』。『著作』，古但稱『作』；『編述』，古但稱『述』……由『抄纂』而成的書籍……古人但稱為『論』……便是排比資料、纂輯成編的意思。[20]

　　東漢大思想家王充，在《論衡‧對作篇》中，論到自己的文稿時，自謙的說：「非曰『作』也，亦非『述』也，『論』也。『論』者，『述』之次也。《五經》之興，可謂『作』矣；太史公書，劉子政序，班叔皮傳，可謂『述』矣」。[21]

　　從上述古人的讀寫習性，來看諸如《樂記》的先秦兩漢文獻，可知這些文獻大部分都是屬於「編述」，而非「著作」。後世學者不必因為這些文獻是「編述」或「抄纂」之體，而將之視作偽書。

　　另外，由上進一步推論，那些與《樂記》擁有類似段落及議論的文獻，既屬「編述」，即具有二個重要特色：首先，諸文獻所具有的類似文句段落，即為其共同的核心文案，各文獻的撰述者乃從該文案的文句中，再自行增補改寫，以成其文。而該核心文案的源頭，應該比所有這些文獻都還來得早，至少不會晚於第一篇屬於這一系統編述的文獻。[22]如果有幾個不同的核心文案，則或許此一系列文獻有幾個

---

20 張舜徽，《中國古籍校讀指導》，收入《中國古籍研究叢刊》（臺北：維明書局，1983），頁199-120。

21 王充，《論衡》，收入《四庫全書薈要，子部，第三二冊，雜家類》（臺北：世界書局，1987），頁603。

22 與《樂記》屬同一系統編述的文獻，將在下文中有所比較。這些文獻大略包括：《毛詩‧大序》、《易傳‧繫辭》、《樂記》、《郭店楚簡》、《禮記‧大學篇》、《禮記‧中庸篇》、《荀子樂論》、《呂氏春秋》、《淮南子》、《史記‧樂書》等等。

不同的源頭。有鑑於此，美國漢學家顧史考已於《郭店楚簡先秦儒書宏微觀》中推論：

> 無論如何，《樂記》及〈大序〉即使皆為西漢時所編纂，然而其思想淵源蓋可直溯諸戰國初期，或即子夏至公孫尼子之間的公元前第五世紀左右……最近幾年出土了不少先秦楚國竹簡，即本書所專論的郭店楚墓竹簡〔1997年出土，1997年調查報告發表〕，及2001年開始出版的上海博物館藏戰國楚竹書……對我們瞭解先秦儒家對於詩歌、音樂等人文創作的理論，已經給了一種嶄新的認識，可證明《樂記》、〈大序〉等傳世文獻所包含的一些想法，至少於公元前300年前已有人論過，且有專著似乎普遍流傳於楚地。**23**

核心文案可溯至公元前第五世紀，那麼剩下的問題即為，《樂記》在這系列的文獻中，可以排到多早的定位？換言之，如果核心文案或文案群是一篇或數篇文章，那麼《樂記》與該文章的年代差多遠，甚或《樂記》本身即是核心文案？而有關樂舞的思想撰述，最早是否可上遡到公元前第五世紀？這些問題，在後文的討論中將會繼續尋求解答。

第二個屬於這一系列文獻的特色，即是從核心文案出發，這些文獻的撰述者開始進行各自的申論表述，而產生或大或小的分歧觀點，反應了不同時代的特質。於此，經由比較探討這些文獻的分歧，當可釐清圍繞著該核心文案及其所含議題，所發展出來的學術脈絡、思想源流。

---

23 顧史考，《郭店楚簡先秦儒書宏微觀》（臺北：學生書局，2006），頁116。

第三節　時代背景之脈絡

一、春秋至西漢之綜述

　　不論《樂記》在歷代學者間所引發的爭議為何，學者們卻總一致贊同，《樂記》之思想所涉，主要與儒家有關。而與《樂記》相關的其他文獻，除儒家學說外，尚有涉道家、法家等。除了《樂記》的年代不確定外，其他文獻著作年代都比較清楚，而這些涉及不同學說的文獻，與時代背景間，皆呈顯出相當程度的呼應關係。

　　從先秦至漢中葉，在政治社會上有很大的差異與發展，在文化的大脈絡上也有一些顯著的區別。總體而言，春秋時代（公元前770-前476年）[24]是一個王權（周王室）衰落，諸侯紛起的時代，世界的局勢，乃由諸公侯貴族，以其自身之教養及處世之歷鍊來加以經營，而非以王權的尊貴來主導，如此，使貴族文化在春秋時代發展至極致。錢穆《國史大綱》記載：

　　大體而言，當時的貴族，對古代相傳的宗教均已抱有一種開明而合理的見解。因此他們對人生，亦有一個清晰而穩健的看法。當時的國際間，雖則不斷以兵戎相見，而大體上一般趨勢，則均重和平，守信義。外交上的文雅風流，更足表顯出當時一般貴族文化上之修養與瞭解。即在戰爭中，猶能不失他們重人道、講禮貌、守信讓之素養，而有時則成為一種當時獨有的幽默……春秋時代，實可說是中國古代

---

24 自平王東遷前之周，史稱西周，東遷後稱為東周。東周又分兩個歷史階段：第一段為春秋時代，因魯史《春秋》而得名；第二段為戰國時代，因西漢末劉向收集這一時期的各國史料，纂輯成書而成《戰國策》，因而得名。

貴族文化已發展到一種極優美、極高尚、極細膩雅緻的時代。**25**

　　在春秋時代末葉，貴族文化則開始傳布到民間。春秋時代的貴族子弟需要修習幾種必備之學科，包括禮、樂、射、御、書、數，通稱「六藝」。凡擅習六藝而能以之教人者，稱爲術士、藝士、或儒。而儒者因能教人，乃漸脫離貴族之豢養而獨立，遊教於列國間，此乃後世儒家之起源。而孔子則是整理與批評貴族文化之集大成者。孔子亦是以六藝貴族之學教導平民之最著名者。蓋孔子爲宋人，其先爲貴族，因避難至魯，於是得以習得種種禮文。由上綜觀春秋時代之一般狀況，可說雖然在政治社會上開始產生動盪與變化，但在文化上所發展出來的，乃爲一個講究人生修爲與透過整理生命經驗以得人生價值之思想體系。

　　戰國時代（公元前475－前221年）則是一個講究權勢與爭權的時代。由於勢力的消長，許多原來被王室列爲禁地的名山大澤皆開放了，使得民間的生活樣態改變，百業興起。而王官之學亦流入民間，漸有百家之學產生。於是在這個時代中，一些較有智識之士掘起，遊仕於各國間，其所講究的，不再是修身養性的禮義道德，而是如何幫助公侯君主掌握權勢，以定天下。

　　如此，在爭權奪勢的背景下，人性之良善與醜態皆得以見，而產生了孟子之性善說，與荀子之性惡說。儒家思想並進一步轉變成爲法家，**26**如荀子之弟子韓非，即鼓吹「無書簡之文，以法爲教；無先王

---

25 錢穆，《國史大綱》（臺北：商務印書館，1995），頁71。
26 陳啟天〈法家述要〉：「我國所謂法家，原指春秋戰國時代特別注重法治，以求君主對內能集權，對外能爭霸的一種政治家或政治思想家。後世發揮先秦法家思想者，亦統稱為法家。先秦法家韓非，自稱為『法術之士』——『知術能法之士』。漢代司馬談論六家要旨，則簡稱為『法家』，沿用至今」（頁433）。

之語，以吏爲師；無私劍之捍，以斬首爲勇」，[27]以此而爲消弭社會異論、鞏固君王統治之法。即便是荀子本身所主張之禮，亦與孔子時所言之禮不同。孔子之禮，是指將父子、君臣、夫婦、兄弟、朋友的相處之道用心感受與體會，以孝道爲核心而發展出來的五倫關係。而荀子之禮，則是以社會秩序的穩定爲考量，而規劃出來的個人角色職分，及由此建構出來的社會制度或法則。錢穆《國史大綱》中有言：

荀子則要把他的新人倫觀來重定社會秩序，主去世襲之貴族而以才智爲等級。荀子分人爲四等：一、大儒，知通倫類，明百王之道貫，爲天子、三公，惟此可以法先王。二、小儒，奉法守法，爲諸侯、大夫、士，此僅當法後王。三、眾人，爲工、農、商、賈，安職則畜，不安職則棄。四、姦人，才行反時，殺無赦。[28]

除了法家外，道家[29]亦興起。例如在莊子的想法裡，一般平民於現世的戰爭中無法過安居樂業的生活，也無法藉修身養性來恢復人心義理，因而主張「物物而不物於物」，[30]藉著將關切重點轉移到比人世更大的自然中，而尋求一個異於儒家與法家的、對現世問題的解脫之道。所謂「物」，有二種涵義，一爲指驟然而生的天災及因人的貪瞋名利心而致之人禍，另一指自然的規律，如春夏秋冬與生老病死。

27 《韓非子集解》（臺北：世界書局，1955），頁347。
28 錢穆，《國史大綱》（臺北：商務印書館，1995），頁111。
29 陳榮捷〈戰國道家〉：「道家這個詞，是前二世紀陳平（178 B.C.年死）頭一次用的。秦朝以前沒有……不過這並不是說戰國時代沒有後世所謂『道家』的人物和學說。相反地，戰國初期，道家最少可以和儒墨爭衡，到中期並直駕諸派而上之」（頁369）。
30 《莊子》（臺北：藝文印書館，2000），第七卷，〈山木〉，頁372。

莊子的哲學教導著，消極上至少能「不物〔受制於〕於物〔天災人禍〕」——能去除人的名利心，並學習「安時而處順」，「不樂壽，不哀夭，不榮通，不醜窮」，[31]而更積極點則能「物〔操掌〕物〔自然規律〕」[32]——瞭解、熟悉、呼應萬事萬物的法則、甚或領悟到其中的智慧，而能無爲而治，調整世道，不違自然，而呼風喚雨。由上綜觀戰國時代的一般狀況，在政治社會上經歷著從封建到郡縣、從列國到統一的巨變過程，在文化上則從人文的人倫關係體察，轉移重點到自然的天人關係體察，或是法術的權謀思想。

　　秦始皇於公元前221年統一六國後，於公元前213年，接受李斯之議焚書，次年復坑儒，而將韓非的「以吏爲師」變成實際的政治體制與統治手腕，可以說是把法家學說推至極致。然而，學術的脈絡尚未因此而中斷。先是戰國末葉時，秦莊襄王的丞相呂不韋已召集門客，共同廣採先秦文獻，而於秦王政（秦始皇未統一六國前的名號）八年（公元前239年）完成其編述，即是《呂氏春秋》。而秦廷焚書，主要焚去六國史書及古文詩、書，卻未廢史官（掌管官書）及博士（掌百家民間學）。到漢時，六經古文及百家之學才得以漸漸復興。

　　漢初的政治社會，基於久經戰亂，故尚無爲而治，讓老百姓能休生養息，使人以自己的方式，調整生活的作息規律，以圖恢復生產力與活氣，而不會疲於應付官家的稅役法令。從高祖（公元前206年稱帝）到文帝（公元前179年立）有二十來年時間，漢社會已初見效果，《史記・呂后本紀》中記載：「天下晏然，刑罰罕用，罪人

31　《莊子》（臺北：藝文印書館，2000），第五卷，〈天地〉，頁236。
32　《莊子》（臺北：藝文印書館，2000），第四卷，〈在宥〉，頁228。

是希，民務稼穡，衣食滋殖」。[33]而文帝到景帝的文景之治（公元前179-前141年）更使漢社會飽足富裕，《漢書‧食貨志上》中描述：「國家無事，非遇水旱，則民人給家足，都鄙廩庾皆滿，而府庫餘財。京師之錢累百鉅萬，貫朽而不可校。太倉之粟陳陳相因，充溢露積於外，腐敗不可食。眾庶街巷有馬，阡伯之間成群，而乘牸牝者擯而不得會聚」。[34]

　　反映在文化上，則漢初尚道家黃老的思想。而無為之治者，乃不創新法，於是有一部份仍因襲秦法，故而黃老思想之中亦帶有些許法家的意味。而在休生養息的環境中，學術活力確實漸復甦。漢文帝時曾下詔求書。漢惠帝時除挾書令。淮南王劉安（公元前179-前122）則召集其門客，收集百家之言，共同編纂了《淮南子》，河間獻王劉德亦尚古官書之學，廣招通經術士，多得古文舊書。綜觀這段漢初的時期，可說是各門各家又重新發展的時期。

　　漢武帝時，以富積之國力，開始在各方面都有所變革。在政治社會上，將皇家私人事務歸之「中朝」，將天下治民政事歸之「外朝」，而以文人為相，統領「外朝」，以外戚任大司馬大將軍，主掌「中朝」。如此，不復如漢初皆以具軍功之武侯為相，一併管理皇家事與天下事，而建立了中國歷史上首次的士人政府，開創了中國文治政治之傳統。

　　在思想上，則改黃老而獨尊儒術，從董仲舒之議，罷黜百家，只立五經博士。然而，漢武帝時之儒術，與春秋時重人生修養之儒家較

---

33 《史記》（臺北：商務印書館百衲本，1981），史記九，〈呂后本紀〉，頁151。
34 《漢書》（臺北：商務印書館百衲本，1981），漢書三十四，〈食貨志上〉，頁252。

異，而與戰國時講社會秩序與職分之儒者較近，蓋統治一個如中國這般大的國家，治術與秩序的講求乃成爲一個關鍵議題。如此，建構起「陽儒陰法」之思想體系，配合文治政治之施行，成爲中國二千年來傳統政治及文化之特色。

　　從漢初到漢中葉，除了黃老及陽儒陰法的思想特色外，尙有另一個特色，即是陰陽五行學說的盛行。據李國璽《秦漢之際陰陽五行政治思想源流研究》之剖析，「五行」一詞，首出於《尙書・周書・洪範》，意指「五材」，即「金木水火土」五種不同的材質，並具有「鹹苦酸辛甘」等「五味」之次級涵義。「陰」、「陽」則於《左傳》、《國語》中始用以解釋人文、自然現象。在春秋時代，「陰」、「陽」與「五行」開始結合，在秦之前，漸發展成爲解釋四季、天象、曆法等之概念。到了秦之後，又慢慢與「五帝」、「五德」之觀念合流，而具有了政治上之涵義，用以指導人事施政。另據馮友蘭《中國哲學史》之研究，陰陽五行學說到了漢代，更與儒家相混：

　　及至秦漢，陰陽家之言，幾完全混入儒家。西漢經師，皆採陰陽家之言以說經。所謂今文家之經，此其特色也。當時陰陽家之空氣，彌漫於一般人之思想中。天道人事，互相影響；西漢人深信此理。故漢儒多言災異。君主亦多遇災而懼。三公之職，除治政事外，尚須調和陰陽。**35**

---

35 馮友蘭，《中國哲學史》（香港：太平洋圖書公司影印本，1970），頁498。

綜觀以上從春秋至西漢中葉的大略文化脈絡，可說各時代特色互不相同。如果特就儒家來說，亦可以看出其思想內涵的變遷。春秋時代之儒家，仍然以人性本身為議題核心，戰國時代之儒家，則開始以社會群體為核心，故與法家相交融，秦漢時之儒家，則更以國家文治為考量，與法家、陰陽家相結合。

二、初期儒家

所謂「初期儒家」，「是指春秋末期的儒家。即是孔子的第二三四代，剛在孟子之前，大概從紀元前五百年到三百五十年之間」。[36] 事實上，這段時間，已涵蓋了春秋末葉到戰國初期，約略是孔子（公元前551－前479）和墨子（公元前468－前376）的生存年代。[37] 本文以為，這段時期的思想特色，似乎與《樂記》的特色比較接近，值得進一步釐清與查證，故先在此節做一些勾勒敘述，以利後續章節之詳細比較討論。

孔門每一代的思想，都可看出有些許的不同。孔門第二代——即孔子直接教導的弟子，著名的例如顏回（子淵）、曾參（子輿）、卜商（子夏）、言偃（子游）、宰予（子我）、端木賜（子貢）、冉求（子有）、仲由（子路）、閔損（子騫）等等，大約還是春秋末

---

36 陳榮捷，〈初期儒家〉，《中國上古史待定稿，第四本，兩周篇之二：思想與文化》（臺北：中央研究院歷史語言研究所，1985），頁199。
37 另外幾個可供參考的生卒年：孟子（公元前371-前289）、莊子（公元前369-前235）、屈原（公元前340-前278）、荀子（公元前313-238）。因年代久遠，這些生卒年都可能會有誤差。

葉，據陳榮捷〈初期儒家〉的研究，從《論語》、《孟子》、《孔子家語》、《禮記》幾本書裡來考察，可歸納其思想為集中在討論「仁」、「君子」、「為政」最多，

> 仁的問答比較關於別的觀念問答為多，連問孝問禮都比不上。仁在孔子以前，只是百善之一，孔子把它改為百善之總名，為全德，在中國思想史上建立一個新觀念。當時弟子屢次詰問和發表意見，是勢所必然。他們對仁已有成熟思想，如曾子的以友輔仁，有子的孝弟為仁之本，子夏的博、篤、切、近，子貢的博施濟眾，都成為以後孔門仁的思想之根本理論。**38**

其次討論最多的是君子、士、善人、和成人，大約都是有關其品德性格的。再其次的話題是政治，討論如何從修身到治國，從修己到安人。此外的話題，還有禮、孝等等，但不多。一直要到孔子死後，禮——尤其是喪禮，才替代了仁而成為孔門的基本議題。

學界大致上都接受，《大學》可以說是孔門第二代思想的結晶。在《論語》中所記，猶是弟子們與孔子的對談，或孔子時而抒發己見的語錄，因此尚無系統的整理。《大學》則是進一步的將其中的思想，加以提鍊、分析、歸納、闡述、總彙整的一部「編述」。《大學》的撰述者，宋以前似無相關討論，到了宋代，朱熹（公元1130-1200）首言為曾子，而王柏（公元1197-1274）則說是子思。但是由於兩者皆無法提出直接的史料證據，後人也只是自由採信，而學

---

38 陳榮捷，〈初期儒家〉，《中國上古史待定稿，第四本，兩周篇之二：思想與文化》（臺北：中央研究院歷史語言研究所，1985），頁218。

界至今仍認爲《大學》撰述者不明。然而，就算其撰述者不明，但就其思想來看，實與孔門第二代的關切議題相同，而可爲其思想之代表作。

《大學》將孔門第二代思想，主要彙整爲「三綱」、「八條目」、「誠」、「止、定、靜、安、慮、得」等綱目。[39]「三綱」指的是「明德、親民、至善」，而「八條目」指的是「格物、致知、誠意、正心、修身、齊家、治國、平天下」，這即是在闡明個人的修身養性到家國的仁民愛物之間，一層層的價值觀之蘊涵關係。而「誠」及「止、定、靜、安、慮、得」，則是在分析如何一步步做到上述的一層層修養功夫。陳榮捷〈初期儒家〉中分析：

> 從內容而論，究竟不外是以忠恕爲一貫的仁。所以《大學》是儒家的正統。其所發展皆以孔子的仁爲樞紐。雖然《論語》常常講及的孝、禮、君子、在《大學》少見，表面上有點可異。實際上它們皆在八個條目之內，並非《大學》有所忽略。[40]

孔門第三代，即包括曾子、子夏、子貢、子賤、和閔子等的學生，其時代大約已值春秋戰國之交。在思想上，與孔子及第二代最大的差異，即在於第三代弟子已開始討論有關「天命」、「性」、「中和」等議題。

關於「天命」與「性」的問題，孔子自身是不太提起的。此兩議

---

39 《大學》（臺北：藝文印書館四書集註版，2007），頁7-10。
40 陳榮捷，〈初期儒家〉，《中國上古史待定稿，第四本，兩周篇之二：思想與文化》（臺北：中央研究院歷史語言研究所，1985），頁234。

題除不見於陳榮捷〈初期儒家〉的歸納外，其他學者如成中英〈戰國時代的儒家思想及其發展〉、許倬雲《從歷史看人物》、龐樸《郭店楚簡與早期儒學》亦指出孔子不言天命。考之《論語》，可找到孔子及孔門第二代對此議題的立場：

　　子貢曰：夫子之文章，可得而聞也；夫子之言性與天道，不可得而聞也。（公冶長，頁187）

　　樊遲問知。子曰：務民之義，敬鬼神而遠之，可謂知矣。（雍也，頁211）

　　子不語怪、力、亂、神。（述而，頁230）

　　子罕言利，與命，與仁。（子罕，頁253）

　　季路問事鬼神。子曰：未能事人，焉能事鬼。曰：敢問死。曰：未知生，焉知死。（先進，頁290）

　　君子有三畏，畏天命，畏大人，畏聖人之言。（季氏，頁394）[41]

　　這些話中的涵義，據不同學者的訓詁，可以有幾種解釋。其一，天道與性的議題太精微，利與義的關聯常為人誤解，而仁愛的道理也很博大，因此孔子不是不說，而是不輕易隨便說。事實上，回顧《論語》，關於仁的議論不是最多嗎？[42]其二，雖然孔子也知道生死與鬼神的道理，但孔子的教育重點仍是在人事，教導人從自身的經驗

---

[41] 《論語》（臺北：藝文印書館四書集註版，2007）。
[42] 《論語》（臺北：藝文印書館，2007）。

中找到問題的解決之道，而非過份的依靠卜筮。[43]這點或可說是孔子在檢討殷人尚鬼、每天都要占卜的習性，所得的歷史教訓。其三，孔子不言鬼神，是在某種程度上要去除迷信。[44]

　　然而，到了孔門第三代，學子們對於「仁」與「禮」的思想或許已經很成熟了，因而將議題轉移到了「天命」與「性」。學界大致也都接受，《中庸》可以說是這一時期思想的結晶。其撰述者向來都以為是子思，子思是子夏的弟子，孔子的孫子。《中庸》將這一時期的思想，圍繞著「天命之謂性，率性之謂道」、「喜怒哀樂之未發，謂之中，發而皆中節，謂之和」[45]來做深入論述。同時，也對「誠」有進一步的分析，如「自誠明，謂之性」、「唯天下至誠，為能盡其性，能盡其性，則能盡人之性」、「誠者，非自誠己而已也，所以成物也」。[46]另外，對於《大學》的「止、定、靜、安、慮、得」，亦有所呼應，如「博學之，審問之，慎思之，明辨之，篤行之」。[47]

　　孔門第四代，即弟子的再傳弟子，已經全部在戰國時期前半葉了。由於這些弟子的史料很少，陳榮捷在〈初期儒家〉中據《荀子》及《韓非子》所載推斷其思想。《荀子》曾提到對這一代儒家弟子的批評，指稱已有些人失去了儒家的精神，「弟陀其冠，神襌其辭，禹行而舜趨：是子張氏之賤儒也。正其衣冠，齊其顏色，嗛然而終日不言、是子夏氏之賤儒也。偷儒憚事，無廉恥而耆飲食，必曰君子固不用力：是子游氏之賤儒也」。[48]而《韓非子》中所記，則有正面的，

---

43 陳榮捷，〈中國哲學史話〉、〈中國哲學之理論與實際—特論人本主義〉，《中國人的心靈》（臺北：聯經出版社，1984）。
44 馮友蘭，《中國哲學史》（香港：太平洋圖書公司影印本，1970）。
45 《中庸》（臺北：藝文印書館四書集註版，2007），頁46-47。
46 《中庸》（臺北：藝文印書館四書集註版，2007），頁85-89。
47 《中庸》（臺北：藝文印書館四書集註版，2007），頁82。
48 《荀子集解》（臺北：藝文印書館，1994），第三卷，〈非十二子〉，頁224。

如「藏書策，習談論，聚徒役，服文學而議說。世主必從而禮之，曰敬賢士，先王之道也」，[49]也有負面的，如「今世儒者之說人主，不言今之所以為治，而語已治之功。不審官法之事，不察姦邪之情，而皆道上古之傳，譽先王之成功」。[50]

　　大抵說來，似乎孔門第四代，已不如前面幾代來的有內容、有建設性了。這樣的情形，如果對照前述的戰國時代一般狀況，可看出儒家早先重人性與義理的人文精神，到了戰國權勢紛爭的年代裡，已漸漸無法在實際生活中找到實踐的管道，而諸儒中又還沒有產生如孟子、荀子、莊子等那樣的思想家，能針對時弊提出新的學理分析來，於此，儒家的思想呈顯了一個青黃不接的轉型期或斷層。

　　至於到了孟子、荀子的戰國儒家又是如何的呢？在前面綜述中已提到，這時期的儒家開始將關切重點放在能重建社會秩序的禮法上，而非教化人心的禮樂上。成中英於〈戰國時代的儒家思想及其發展〉中，進一步的歸納了荀孟前後戰國儒家的特質如下：甲、戰國儒家的思想表達採取了「辯說」和「論證」的形式，而在《孟子》、《荀子》、《易傳》、或《禮記》諸篇裡面可看到有系統的思想。乙、戰國儒家的基本觀念已明朗化和統一化。丙、戰國儒家對天道、性命、理氣等形上學問題做了正面討論。丁、戰國儒家建立了政治哲學和社會哲學的形上學基礎。戊、戰國儒家提供了新的社會模式作為現實改革的藍圖。己、戰國儒家本身思想已具辯證性，即是對立性和綜合性。[51]

---

49 《韓非子集解》（臺北：世界書局，1955），頁353。
50 《韓非子集解》（臺北：世界書局，1955），頁356。
51 成中英，〈戰國時代的儒家思想及其發展〉，《中國上古史待定稿，第四本，兩周篇之二：思想與文化》（臺北：中央研究院歷史語言研究所，1985），頁302-304。

第四節　文脈與段落之比較

　　由上述的歷史文化脈絡中，挑選出具各時代特色，又含有與《樂記》相同核心文案或議題之文獻，與《樂記》並列比對，以期能看出《樂記》在思想文脈上的特色，進而推定其撰述時代。以下將這些段落先做一排比，特別差異的字句並附底線，且於比對後加上簡單註解，而於下一章中，再進行綜合分析。

一、《樂記》與《繫辭》

《樂記》：

　　在天成象，在地成形，如此則<u>禮者天地之別也</u>……鼓之以雷霆，奮之以風雨，動之以四時，煖之以日月，而百化興焉，如此則<u>樂者天地之和也</u>。[52]

《繫辭》：

　　在天成象，在地成形，變化見矣，剛柔相摩，八卦相盪，鼓之以雷霆，潤之以風雨，日月運行，乾知大始，坤作成物。[53]

52　《禮記》（臺北：藝文印書館十三經注疏版，1956），第十九，〈樂記〉，頁671-672。

53　屈萬里，《周易集釋初稿》，〈繫辭上傳〉，收入《讀易三種》（臺北：聯經出版社，1984），頁383-384。

　　由這兩段的比對可看出，《樂記》中談論天地雷雨，而引至禮
與樂，可知《樂記》之關切重點，乃在禮樂。同時，由文脈走向來判
斷，似乎其中建議著，禮樂亦是由天地萬物之流變中，所自然得出
的，而不是依人世間的社會秩序所需而規定出來的。如此《樂記》或
爲初期儒家文獻，而非轉化成法家的戰國儒家之文獻。而《繫辭》所
言不涉禮樂，純爲天象，可說其爲一更原始之對自然觀察之文獻，
而學者們亦都接受，《繫辭》乃是戰國時期，孔子門人記錄孔門對於
《易經》之註解而編纂成的書之一。

二、《樂記》與《毛詩・大序》

　　《樂記》：

　　治世之音安以樂，其政和。亂世之音怨以怒，其政乖。亡國之音
哀以思，其民困。聲音之道，與政通矣……凡音者，生人心者也。情
動於中，故形於聲。聲成文，謂之音……故歌之爲言也，長言之也。
說（悅）之，故言之；言之不足，故長言之；長言之不足，故嗟歎
之；嗟歎之不足，故不知手之舞之，足之蹈之也。**54**

　　《毛詩・大序》：

54　《禮記》（臺北：藝文印書館十三經注疏版，1956），第十九，〈樂記〉，頁663。

詩者，志之所之也。在心為志，發言為詩，情動於中而形於言，言之不足故嗟歎之，嗟歎之不足故永歌之，歌之不足，不知手之舞之足之蹈之也。情發於聲，聲成文謂之音。治世之音安以樂，其政和；亂世之音怨以怒，其政乖；亡國之音哀以思，其民困。故正得失，動天地，感鬼神，莫近於詩。[55]

　　這兩段可以說幾乎是一樣的。其重點，都在於闡明內心裡有感情的重要性，因為「情動於中」而外顯為行為，不論此行為是詩歌或舞蹈。而從感情到行為，文句中另外的要旨，乃是關切從修身到治國的德治。由此，可說這兩段都是跟初期儒家的思想相符合的。《毛詩‧大序》亦相傳為子夏所作。由思想考之，並不違矣。

三、《樂記》與《郭店楚簡》

　　《樂記》：

　　凡音之起，由人心生也。人心之動，物使之然也。感於物而動，故形於聲。聲相應。故生變；變成方，謂之音。比音而樂之，及干戚羽旄，謂之樂。樂者，音之所由生也，其本在人心之感於物也。是故其哀心感者，其聲噍以殺；其樂心感者，其聲嘽以緩；其喜心感者，其聲發以散；其怒心感者，其聲粗以厲；其敬心感者，其聲直以

---

55 《毛詩正義‧國風‧周南》，（臺北：中華書局四部備要本，1936）卷一，頁3-5。

廉；其愛心感者，其聲和以柔。<u>六者，非性也，感於物而后動</u>……人生而靜，天之性也；感於物而動，性之欲也。物至知知，然後好惡形焉。<u>好惡無節於內，知誘於外，不能反躬，天理滅矣</u>。夫物之感人無窮，而人之好惡無節，則是物至而人化物也。人化物也者，滅天理而窮人欲者也。於是有悖逆詐偽之心，有淫洗作亂之事。是故，強者脅弱，眾者暴寡，知者詐惡，勇者苦怯，疾病不養，老幼孤獨不得其所，此大亂之道也。[56]

《郭店楚簡》：

凡人雖有性，心無奠（定）志，待物而後作，待悅而後行，待習而後奠（定）。喜怒哀悲之氣，性也。及其見於外，則物取之也。性自命出，命自天降。道始於情，情生於性。始者近情，終者近義。知〔情者能〕出之，知義者能內（入）之。好惡，性也；所好所惡，物也。善不〔善，性也〕；所善所不善，勢也。[57]

　　《樂記》與《郭店楚簡》的比對，可能是最精微而重要的一組比對，因為《郭店楚簡》是近來最重大的考古史料新發現之一。在上面兩條引文中，有兩個議題值得深入分析，一是情與性之關係為何？《郭店楚簡》所謂「喜怒哀悲之氣，性也」及「好惡，性也」，與《樂記》之喜怒哀樂敬愛「六者，非性也」，似乎存在著精妙的異

---

56 《禮記》（臺北：藝文印書館十三經注疏版，1956），第十九，〈樂記〉，頁662-666。
57 涂宗流、劉祖信，《郭店楚簡先秦儒家佚書校釋》（臺北：萬卷樓圖書，2001），頁144。

同。二是情與道或天理的關係為何？《郭店楚簡》中所記「性自命出，命自天降。道始於情，情生於性」，似乎是一種天、命、性、情、道，一以貫之的理想狀態。而《樂記》所說「好惡無節於內，知誘於外，不能反躬，天理滅矣」，則似是一種不理想的失誤狀態，情與天理（道）是悖離的。

　　若將上述異同放在一個更宏觀的脈絡中檢視，所謂宏觀脈絡乃指從孔子到孟子及荀子之間，關於情、性、氣、道等命題之觀點如何演變，或將可以發現《樂記》及《郭店楚簡》在這個脈絡中所具有之定位，從而推斷出《樂記》的撰述年代。這兩個議題，將於下一章中，再來進行深入的分析。

四、《樂記》與《荀子樂論》

　　《樂記》：

　　夫樂者樂也，人情之所不能免也。樂必發於聲音，形於動靜，人之道也。聲音動靜，性術之變，盡於此矣。故人不耐無樂，樂不耐無形，形而不為道不耐無亂。先王恥其亂，故制雅頌之聲以道之，使其聲足樂而不流，使其文足論而不息，使其曲直繁瘠廉肉節奏足以感動人之善心而已矣。不使放心邪氣得接焉，是先王立樂之方也。[58]

58　《禮記》（臺北：藝文印書館十三經注疏版，1956），第十九，〈樂記〉，頁700。

《荀子樂論》：

　　夫樂者，樂也，人情之所必不免也。故人不能無樂。樂則必發於
聲音，形於動靜；而人之道，聲音、動靜、性術之變盡是矣。故人不
能不樂，樂則不能無形，形而不為道，則不能無亂。先王惡其亂也，
故制雅頌之聲以道之，使其聲足以樂而不流，使其文足以辨而不諰，
使其曲直、繁省、廉肉、節奏足以感動人之善心，使夫邪汙之氣無由
得接焉。是先王立樂之方也，<u>而墨子非之奈何</u>。**59**

　　以上兩段間最主要的差異，在於《荀子》於段落末多了「而墨子
非之奈何」一句。春秋之後，墨家提出「非樂」、「節用」等觀點，
以批評儒家「禮樂教化」之煩瑣不實。於是，戰國時代，儒墨即為一
主要論爭。因此荀子立論之餘，尚需批評墨子之非。《樂記》中無此
句，蓋儒墨之爭已經不是一個關切的辯論議題，或墨家之說尚未風
行，辯論尚未興起。由此《樂記》或可推斷為春秋末期之文獻。

《樂記》：

　　是故樂在宗廟之中，君臣上下同聽之則莫不和敬；在族長鄉里之
中，長幼同聽之則莫不和順；在閨門之內，父子兄弟同聽之則莫不和
親。故樂者，審一以定和，比物以飾節；節奏合以成文。<u>所以合和父
子君臣，附親萬民也</u>，是先王立樂之方也。**60**

---

59 《荀子集解》（臺北：藝文印書館，1994），第十四卷，〈樂論〉，頁627-628。
60 《禮記》（臺北：藝文印書館十三經注疏版，1956），第十九，〈樂記〉，頁700。

《荀子樂論》：

　　故樂在宗廟之中，君臣上下同聽之，則莫不和敬；閨門之內，父子兄弟同聽之，則莫不和親；鄉里族長之中，長少同聽之，則莫不和順。故樂者，審一以定和者也，比物以飾節者也，合奏以成文者也，足以率一道，足以治萬變。是先王立樂之術也，而墨子非之奈何。**61**

　　在上述兩段中，《樂記》的文脈從父子、鄉黨、君臣間的情況，引到「合和」「父子、君臣、萬民」之小結，都是圍繞著五倫，且與《大學》所談「修、齊、治、平」之範疇，及與《中庸》所談的「致中和」的觀點相應。由此《樂記》與初期儒家之特質相符合。《荀子》中以同樣的核心文案，即父子、鄉黨、君臣間的情況，而引到「率」一道、「治」萬變，由「率」與「治」之用語，透出《荀子》之重點，已從五倫中和，轉移到治理社會的法術，呈現戰國中葉之特色。

《樂記》：

　　故聽其雅頌之聲，志意得廣焉；執其干戚，習其俯仰詘伸，容貌得莊焉；行其綴兆，要其節奏，行列得正焉，進退得齊焉。故樂者，天地之命，中和之紀，人情之所不能免也。**62**

61　《荀子集解》（臺北：藝文印書館，1994），第十四卷，〈樂論〉，頁628。
62　《禮記》（臺北：藝文印書館十三經注疏版，1956），第十九，〈樂記〉，頁701。

《荀子樂論》：

故聽其雅頌之聲，而志意得廣焉；執其干戚，習其俯仰屈伸，而容貌得莊焉；行其綴兆，要其節奏，而行列得正焉，進退得齊焉。故樂者，出所以征誅也，入所以揖讓也。征誅揖讓，其義一也。出所以征誅，則莫不聽從；入所以揖讓，則莫不從服。故樂者，天下之大齊也，中和之紀也，人情之所必不免也。是先王立樂之術也，而墨子非之奈何。[63]

在這兩段中，《樂記》和《荀子》的相同語句，是在描述親身從事樂舞活動時，身心所產生的教化功效。但其後兩者的文脈即有顯著不同，《樂記》將樂定位爲「天地之命、中和之紀、人情所不能免」，與《中庸》的中和，及早期儒家的重人情有所呼應，其寫作背景年代或爲春秋末葉或戰國初期；[64]而《荀子》卻將樂定位爲「征誅揖讓」之術，顯然是有關於統治權術的，且是一種強制之術，而不是德之教化，屬於戰國中葉以後的思想脈絡。

《樂記》：

夫樂者，先王之所以飾喜也，軍旅鈇鉞者，先王所以飾怒也。故先王之喜怒，皆得其儕焉。喜則天下和之，怒則暴亂者畏之。先王之

---

63 《荀子集解》（臺北：藝文印書館，1994），第十四卷，〈樂論〉，頁628-629。
64 關於初期儒家對情之重視，後章有詳細說明。

道，禮樂可謂盛矣。**65**

　　《荀子樂論》：

　　　且樂者，先王之所以飾喜也；軍旅鈇鉞者，先王之所以飾怒也。先王喜怒皆得其齊焉。是故喜而天下和之，怒而暴亂畏之。先王之道，禮樂正其盛者也，<u>而墨子非之</u>。故曰：<u>墨子之於道也，猶瞽之於白黑也，猶聾之於清濁也，猶欲之楚而北求之也</u>。**66**

　　這兩段的差異，也是在《荀子》段末多了對墨子的非議。而前面相同的文句，則是在闡釋喜怒之情，如何也能對世道有所影響，且是好的影響——使天下更和樂，或使壞事不敢發生。由此，喜怒之情不是去節制，而是發之中正。此亦是屬於初期儒家「致中和」的思想，而異於《荀子》認為人情是一種不好的欲求，需要去節制的，而不能隨之而發。

　　《樂記》：

　　　凡姦聲感人，而逆氣應之，逆氣成象，而<u>淫樂</u>興焉。正聲感人，而順氣應之，順氣成象，而和樂興焉。倡和有應，<u>回邪曲直，各歸其分</u>。而萬物之理，各以類相動也。是故，<u>君子反情以和其志，比類以成其行</u>。姦聲亂色，不留聰明，淫樂慝禮，不接心術，惰慢邪辟

65 《禮記》（臺北：藝文印書館十三經注疏版，1956），第十九，〈樂記〉，頁701。
66 《荀子集解》（臺北：藝文印書館，1994），第十四卷，〈樂論〉，頁629。

之氣不設於身體。使耳目鼻口心知百體，皆由順正以行其義。然後發
以聲音，而文以琴瑟，動以干戚，飾以羽旄，從以簫管。奮至德之
光，動四氣之和，以著萬物之理。是故清明象天，廣大象地，終始象
四時，周還象風雨。五色成文而不亂，八風從律而不姦，百度得數而
有常，小大相成，終始相生。倡和清濁，迭相為經。故樂行而倫清，
耳目聰明，血氣和平，移風易俗，天下皆寧。故曰：樂者樂也。君
子樂得其道，小人樂得其欲。以道制欲，則樂而不亂；以欲忘道，則
惑而不樂。是故，君子反情以和其志，廣樂以成其教，樂行，而民鄉
方，可以觀德矣。[67]

《荀子樂論》：

凡姦聲感人而逆氣應之，逆氣成象而亂生焉；正聲感人而順氣
應之，順氣成象而治生焉。唱和有應，善惡相象，故君子慎其所去就
也。君子以鐘鼓道志，以琴瑟樂心，動以干戚，飾以羽旄，從以磬
管。故其清明象天，其廣大象地，其俯仰周旋有似於四時。故樂行而
志清，禮脩而行成，耳目聰明，血氣和平，移風易俗，天下皆寧，美
善相樂。故曰：樂者，樂也。君子樂得其道，小人樂得其欲。以道制
欲，則樂而不亂；以欲忘道，則惑而不樂。故樂者，所以道樂也。金
石絲竹，所以道德也。樂行而民鄉方矣。故樂者，治人之盛者也，而
墨子非之。[68]

67 《禮記》（臺北：藝文印書館十三經注疏版，1956），第十九，〈樂記〉，頁681-682。
68 《荀子集解》（臺北：藝文印書館，1994），第十四卷，〈樂論〉，頁631-632。

　　這兩段的差異，首先可以看見，當心志不正時，《樂記》說會產生「淫樂」，仍是在討論樂，而《荀子》即說會生「亂」，此辭已是社會秩序之屬。其次，《樂記》的導正之道，是「反情以和其志，比類以成其行」，教導人回到原初真實的感情，而發之中節，使心志所向能有所本而不浮誇，並與同類事物共勉。《荀子》則仍把樂當成是「治人之盛者」，即為治術之工具。由此，《樂記》思想仍是如初期儒家，著重自我修為，而《荀子》代表的是戰國以來的法家傾向。

　　《樂記》：

　　樂也者，情之不可變者也。禮也者，理之不可易者也。樂統同，禮辨異，禮樂之說，管乎人情矣。窮本知變，樂之情也；著誠去偽，禮之經也。[69]

　　《荀子樂論》：

　　且樂也者，和之不可變者也；禮也者，理之不可易者也。樂合同，禮別異，禮樂之統，管乎人心矣。窮本極變，樂之情也；著誠去偽，禮之經也，墨子非之。[70]

　　這兩段的差別很精微。首先，《樂記》說樂是「情之不可變者也」，《荀子》則說是「和之不可變者也」。分析起來，情之不可

69　《禮記》（臺北：藝文印書館十三經注疏版，1956），第十九，〈樂記〉，頁684。
70　《荀子集解》（臺北：藝文印書館，1994），第十四卷，〈樂論〉，頁632。

變，即為永恆的感情，而意指真實的感情；而和之不可變，即意謂一種穩定的秩序。如此，《樂記》所言，仍本於情，而《荀子》所言，則本於節制。其次，《樂記》提到禮樂關乎「人情」，而《荀子》卻作關乎「人心」，人情與人心到底有何差異？這必須要放在一個更大的文化脈絡中，亦即在「天命」、「性」、「情」等的綜合分析中，才能領會到心與情的關聯，進而瞭解《樂記》與《荀子》的意涵差異。這個問題，將於下一章的綜合分析中詳細討論。

五、《樂記》、《呂氏春秋》、《淮南子》

《樂記》：

> 人生而靜，天之性也；感於物而動，性之欲也。物至知知，然後好惡形焉。好惡無節於內，知誘於外，不能反躬，天理滅矣。夫物之感人無窮，而人之好惡無節，則是物至而人化物也。人化物也者，滅天理而窮人欲者也。於是有悖逆詐偽之心，有淫泆作亂之事。是故，強者脅弱，眾者暴寡，知者詐愚，勇者苦怯，疾病不養，老幼孤獨不得其所，此大亂之道也。**71**

《呂氏春秋·大樂》：

---

71 《禮記》（臺北：藝文印書館十三經注疏版，1956），第十九，〈樂記〉，頁666。

　　音樂之所由來者遠矣，生於度量，本於太一……形體有處，莫
不有聲。聲出於和，和出於適。和適先王定樂，由此而生……凡樂，
天地之和，陰陽之調也。始生人者天也，人無事焉。天使人有欲，人
弗得不求。天使人有惡，人弗得不辟。欲與惡所受於天也，人不得興
焉，不可變，不可易。世之學者，有非樂者矣，安由出哉？[72]

《淮南子》：

　　人生而靜，天之性也。感而後動，性之害也。物至而神應，知之
動也。知與物接，而好憎生焉。好憎成形而知誘於外，不能反己，而
天理滅矣。故達於道者，不以人易天。外與物化，而內不失其情。[73]
　　形神氣志各居其宜，以隨天地之所為。夫形者生之舍也，氣者
生之充也，神者生之制也，一失位則二者傷矣。是故聖人使人各處其
位，守其職，而不得相干也。故夫形者，非其所安也，而處之則廢。
氣不當其所充，而用之則泄。神非其所宜，而行之則昧。此三者。不
可不慎守也。[74]
　　水之性真清而土汩之，人性安靜而嗜欲亂之。夫人之所受於天
者：耳目之於聲色也，口鼻之於芳臭也，肌膚之於寒燠，其情一也；
或通於神明，或不免於癡狂者，何也？其所為制者，異也。是故神者
智之淵也，淵清則智明矣；智者心之府也，智公則心平矣。人莫鑑於

72　《呂氏春秋》（臺北：藝文印書館，1974），卷五，〈大樂〉，頁117-120。
73　《淮南子》（臺北：藝文印書館日本古鈔卷子本，1974），卷一，〈原道訓〉，頁
　　11。
74　《淮南子》（臺北：藝文印書館日本古鈔卷子本，1974），卷一，〈原道訓〉，頁
　　34。

流沫，而鑑於止水者，以其靜也。莫窺形於生鐵，而窺於明鏡者，以
覩其易也。夫唯易且靜，形物之性也；由此觀之，<u>用也必假之於弗用</u>
<u>也</u>。是故虛室生白，吉祥止也。夫鑒明者，塵垢弗能薶，神清者，嗜
欲弗能亂。<u>精神以〔已〕越於外而事復返之，是失之於本，而求之於</u>
<u>末也。外內無符，而欲與物接，弊其玄光，而求知之於耳目，是釋其</u>
<u>炤炤，而道其冥冥也。是之謂失道</u>。心有所至，而神喟然在之，反之
於虛，則消鑠滅息，此聖人之游也。故古之治天下也，必達乎性命之
情；其舉錯未必同也，其合於道一也。**75**

　　在這三段中，同樣都是以「人欲」爲主要議題來討論，但是，關
於欲之由來及對治之道，三者卻有不同的指涉及意涵。《樂記》中以
靜爲性，感於物而動後才產生欲，欲與性是兩件不同的事。聯合《樂
記》前文，如前面比對過的段落中，有「情動於中」及「喜、怒、
哀、樂、敬、愛，六者，非性也」，可見其文脈及文義前後之一致。
另外，《樂記》對於欲動而好惡無節之弊所提出的對治之道，與其說
是「節欲」，還不如說是「反躬」，聯合《樂記》後文觀之，如前面
亦比對過的「反情以和其志，比類以成其行」，可見其前後也一致，
主張要釐清情感之所發。

　　《呂氏春秋》中，則把欲與惡都視作是得於天之不可變者，此跟
《樂記》是不同的觀點，而跟《荀子》的性惡論有直接關聯。對治之
道，《呂氏春秋》提出「聲出於和，和出於適」的概念，在「和」之
上，更有一「適」，顯見與《樂記》或《中庸》之差異。「適」者，

---

75 《淮南子》（臺北：藝文印書館日本古鈔卷子本，1974），卷一，〈原道訓〉，頁
　　57-58。

合於度量，即合於標準也，是一種秩序的衡量評定，亦可見與《荀子》如出一轍。將《呂氏春秋》置於時代背景來看，是非常相合的，其撰述年代是戰國末葉，時值秦國正求富國強兵以統天下，對於法術很重視，而受《荀子》影響，是合理之事。

　　《淮南子》中，則可見思想之混雜。首先，段落前面先行定義了何謂神、氣、與形。於此，「氣者，生之充也」可說是受影響於《孟子‧公孫丑上》所言「夫志，氣之帥，氣，體之充也」，[76]而神與形，似受影響於道家的學說。前後文整個解釋起來，形可說是靜態的身心，氣是動態的身心，而神是活動的方向。

　　其次，對於欲與性的觀點，《淮南子》似較近於《樂記》，其言「人性安靜而嗜欲亂之。夫人之所受於天者：耳目之於聲色也，口鼻之於〔芳〕臭也，肌膚之於寒燠，其情一也」，即是指說凡是人都有感官，感官皆有同樣的知覺能力，其情況是一樣的，此即天性也。而理想狀態下，與外間事物之互動並不會害性，也就是說，雖「感而後動」，但「外與物化而內不失其情」。會讓嗜欲亂了天性的，是神與志，「物至而神應，知之動也」，並非天性本身的傾向，欲與性是分開的，因此與《荀子》之性惡論不同。

　　而對治之道，《淮南子》提出要「神清」、「智明」，而非回歸本性。如果回到本性，「外內無符，而欲與物接，弊其元光，而求知之於耳目，是釋其炤炤，而道其冥冥也。是之謂失道」，於此，有種貶抑身體經驗的意味，而與《樂記》之重視「心感物」正相違。而「神清」、「智明」，有似一種理性的節制與自我掌控，可說近

---

76 《孟子》（臺北：藝文印書館四書集註版，2007），頁534。

於《荀子》的節欲。另外，《淮南子》還提出可「用必假之於弗用也」、「故達於道者，不以人易天」，[77]即類似一種無爲之說，而與道家主旨接近。

　　若將《淮南子》放在歷史背景中來看，可說是相合的。其乃是西漢初期的撰述，時值漢廷意欲恢復被秦火燒毀的古學，同時也鼓勵各家學說重新發展，因此《淮南子》中混雜了各家學說，是可以理解的。

　　《樂記》既不如《呂氏春秋》之重法術，亦不如《淮南子》之百家雜陳，而仍重反躬諸己的修身治國，由此可證《樂記》非屬戰國或漢初，而或屬於春秋末葉之作。

---

77 此句亦見於《莊子》（臺北：藝文出版社，2000），第六卷，〈秋水〉，頁330：
　　「無以人滅天，無以故滅命」。

第三章　《樂記》年代之推論

　　在上一章中將各文獻進行了段落比對，這些相類的段落或即是核心文案，從其中已經可以簡單歸納出，《樂記》應是一篇屬於春秋末葉的初期儒家，而且是孔門第三代左右，與子思約同時的文獻。然而於此，在做確認分析與結論前，尚需對前面比對中未深入分析的核心議題，即情、氣、性、心、中和等等關鍵字詞之命題演變，做詳細的討論。

第一節　「情」之命題及義涵演變

　　從先秦至漢之間的不同時期，對於「情」之命題，具有不同的觀點及不同的重視程度。若將《樂記》中關於「情」的觀點及重視程度，與這些不同時期比對，可以發現，與《樂記》最貼合的時期，乃是初期儒家所在的春秋末葉到戰國初葉。這即或是《樂記》的寫作年代。以下即對「情」之命題在各個不同時期的發展，提出分析。

一、殷商、西周及春秋時代

　　「情」字在殷商、西周及春秋時的義涵，據許多學者，如丁原植《楚簡儒家性情說研究》之訓詁指出，乃是指稱事實的情況、情狀，或心情、感情，而非指涉「欲望」。[1]而在當時的日常生活中，所表現的心情或感情之「情」，其喜怒哀樂，是非常自然率眞而質樸的，此在《詩經》中可以得到許多實例印證。例如〈國風・王〉：

　　君子于役，不知其期；曷至哉！雞棲于塒；日之夕矣，羊牛下來。君子于役，如之何勿思！君子于役，不日不月；曷其有佸？雞棲木桀；日之夕矣，羊牛下括。君子于役，苟無飢渴？[2]

　　在上引之詩中，呈顯了家人思念被徵調爲國服役的親人的情懷，感嘆到了夕陽西下時，羊牛都可回家，但親人服役，何時才結

1　丁原植，《楚簡儒家性情說研究》（臺北：萬卷樓出版，2002），頁284。
2　屈萬里，《詩經詮釋》（臺北：聯經出版事業公司，1983），屈萬里先生全集之5，頁121。

束？何時才是歸期？在行役中，是否曾受飢渴之苦呢？其敘述平實，所用意象皆日常所見之事物，並無過於誇張的言行舉止，而感情蘊藉飽滿，且透著一種人倫親情之價值觀，亦無詭譎乖僻之情。這個例子即顯示，感情在當時的生活中，是不可或缺的一環，既沒有被輕視壓抑，也沒有被義理教條束縛，而是自然的流露著的。這就是當時對於感情的態度。

　　《詩經》中與上相類似的詩還有很多，最豐富的要屬於〈國風〉所載。據屈萬里之考證，〈國風〉的著作年代，約為西周晚期至春秋中葉，[3]其內容為周代諸國之生活情景刻劃與人之情感描述。而傅斯年在介紹《詩經》的講學中也曾說，〈風〉大體而言為「純粹的抒情詩」，[4]其內容「例如〈邶〉之『習習谷風』和〈小雅〉之『習習谷風』，長短有別，皆是棄婦詞。『關關雎鳩』和『雍雍鳴雁』相類，皆是結婚詞。『燕燕于飛，泄泄其羽』和『雄雉于飛，泄泄其羽』相等，皆是傷別詞。」[5]這些都是庶民生活的實況。自殷商至春秋時代，對於感情所抱持的態度，大抵由此可見。

二、孔子的時代

　　春秋以前，被自然的看待著的率直樸實的感情，到了春秋後半葉，更加被重視，且開始被當做是體證人生價值的開端或根基，其主

3　屈萬里，《詩經詮釋》（臺北：聯經出版事業公司，1983），屈萬里先生全集之5，〈敘論〉，頁（六）。
4　傅斯年，《詩經講義稿箋注》（北京：當代世界出版社，2009），頁95。
5　傅斯年，《詩經講義稿箋注》（北京：當代世界出版社，2009），頁119。

要的倡議者，即是孔子。

孔子的生卒年，約略是公元前551至前479年間，其時正當東周之春秋時代中晚期。與孔子約同時的人，還有老子（生卒年不詳）。而墨子的生卒年（468 BC至376 BC）正好接在孔子之後。至於孟子（371 BC至289 BC）、莊子（369 BC至235 BC）、荀子（313 BC至238 BC）則更在墨子之後。雖然因為年代久遠，這些生卒年都可能會有誤差，但大致來說，亦可見諸子百家的發展與思惟的轉變，乃自孔子生時之春秋中葉開始。

孔子關於「情」的觀點，可從以下的例子中得證。《論語·子路》記載：「葉公語孔子曰：吾黨有直躬者，其父攘羊，而子證之。孔子曰：吾黨之直者異於是，父為子隱，子為父隱，直在其中矣」。[6]在此，雖然父親偷羊而子檢舉之，合於「偷竊者乃不義」之理，然而孔子卻以為這樣不算「直」，而認為出於內心真實的感受與價值，才是「直」，因而依親情而相庇護，比一味遵循某種義理來得重要。於此，孔子對感情所做的一個註腳，是強調其為真實地發自內心之重要性。

此外，《論語·泰伯》有言：「直而無禮則絞」；[7]《論語·陽貨》亦言：「好直不好學，其蔽也絞」。[8]由是，孔子表示如果只在乎直率的情感表露，而不學禮、以禮配合，那將只會有躁進之蔽，反而失真。從此角度來看，《論語·雍也》有幾句話可以與「直」互訓：「子曰：質勝文則野；文勝質則史。文質彬彬，然後君子」。[9]

---

6   《論語》（臺北：藝文印書館四書集註版，2007），頁336。
7   《論語》（臺北：藝文印書館四書集註版，2007），頁240。
8   《論語》（臺北：藝文印書館四書集註版，2007），頁405。
9   《論語》（臺北：藝文印書館四書集註版，2007），頁209。

「質」在此為未經文飾（即「文」）的肢體表達，整句話的涵義，在說必須要「質」、「文」相配合，才不會只有粗率的表達（即「野」），或過度文飾的浮誇（即「史」）。於此，可說「直」者「質」也，「禮」者「文」也。「野」與「史」亦即「直」與「禮」未配合好的情形。

　　然而，「直」「禮」相配是一個理想狀況。平日要是真配合不好，要怎麼辦呢？《論語・子路》又言：「不得中行而與之，必也狂狷乎。狂者進取；狷者有所不為也」，[10]同時《論語・陽貨》亦言：「鄉原（愿），德之賊也」。[11]由此，似乎孔子的態度，與表現在前述故事（公偷羊子告之）者一樣，認為狂狷雖過與不及，至少仍依情感而行，而不是死守義理或不顧體會的鄉愿，鄉愿並不能真的達到至德。如此，孔子實是對感情的重要性有所強調，同時也點明了感情會因環境有所偏頗。

　　從以上之討論中可以看出，孔子時代對於自然流露的感情，已經更加的看重了，同時也產生出一種觀點，將感情視為優先於義理，或是做為義理之根基，如此才不會使義理變成空洞或僵化的形式。

三、《中庸》的時代

　　關於《中庸》的著者與著成背景，歷代有許多學者提出爭議，其所爭大抵集中在二個焦點上：其一、《中庸》是否是子思所作？其

10　《論語》（臺北：藝文印書館四書集註版，2007），頁338。
11　《論語》（臺北：藝文印書館四書集註版，2007），頁408。

二、《中庸》是否爲一完整之篇章？梁濤〈郭店楚簡與《中庸》公案〉已將各家說法，做了一個很完整的匯整比較，略述如下。**12**

　　傳統的看法，如《史記·孔子世家》所言，乃以爲《中庸》是孔子的孫子、孔伋（子思）（約483 BC至 402 BC）所作。然而宋代以後，由於開始注意到《中庸》的內容，似乎呈顯出不同的觀點，因此學者多主張今本《中庸》應爲兩個部分的合輯。首章與第二十章後半段以後爲一部分（〈誠明篇〉），如馮友蘭所描述，「多言人與宇宙之關係……其文體亦大概爲論著體裁」，其作者，或以爲是子思（如王柏），或是子思及其於孟子之前的後學（如徐復觀），亦有以爲是孟子之後學者（如馮友蘭）。第二章至第二十章前半段爲另一部分（〈中庸篇〉），「多言人事……其文體亦大概爲記言體裁」，其作者，學者皆認爲是子思，殆無爭議。至於第二十章從那裡開始劃分爲前半與後半段，各學者間則小有爭議。

　　在「情」的問題上，秉承著孔子對於感情之重視，《中庸》進一步的發展出一個以感情爲出發點或根本的思惟體系。《中庸》對於「情」的觀點，表現在〈誠明篇〉的首段：

　　喜怒哀樂之未發，謂之中。發而皆中節，謂之和。中也者，天下之大本也。和也者，天下之達道也。致中和，天地位焉，萬物育焉。**13**

---

12 梁濤，〈郭店楚簡與《中庸》公案〉，《郭店楚簡與早期儒學》（臺北市：臺灣古籍，2002），〈第六章〉，頁85-113。
13 《中庸》（臺北：藝文印書館四書集註版，2007），頁47-48。

　　在這段中，「情」字意指感情，這個義涵並非特出而無前例，但是以「喜怒哀樂」釋「情」而成為一個嚴正的命題，在先秦的思想發展史中，這尚是第一次，因此《中庸》具有承先啟後的重要性。

　　這段的文意，討論了「喜怒哀樂」的性質與功能。在性質上，首先界定「未發」之「情」為「中」，似乎隱指感情將生未生之際、有感情之可能性，而此種可能性，實可以往無限的方向去發生，殆無限制，故象徵著萬事之根源或基礎，此之謂「大本」也。其次界定「已發」之「情」在理想的狀態下為「和」，主張明確流露的感情，最好的狀況是妥當的應和了引發感情的外在環境情境，因而若此而與凡事凡物都能適當互動，則透過「情」之「和」即可通透的展現出「喜怒哀樂」之人生百態，故稱之為「達道」也。

　　在功能上，「喜怒哀樂」之從「中」到「和」，即從蘊藏在內的「未發之情」，發展到顯露於外的「已發之情」，所謂「致中和」者，既能使萬事萬物妥善的互動，又能使其互動明晰的展現，因而不啻是這一個動態的世界，最理想的運作樣態。而「天地位焉，萬物育焉」即是「喜怒哀樂」之「情」，能夠「致中和」，所期望產生之最大功效或最高境界。

　　《中庸》以「喜怒哀樂之為情」做為命題而展開精譬的申述，並以「情」來做為建構世界的基礎，皆已超出了西周及孔子時代對「情」的單純重視，而將「情」置於一個更完整的思惟體系中。

四、《郭店楚簡》的時代

　　《郭店楚簡》是1993年在湖北省荊門市郭店村的一座戰國中晚

期小型楚墓被挖掘出來的，並於1998年向學術界公開。[14]楚墓的年代，約為公元前四世紀末至公元前三世紀初（公元前300年左右），而墓中隨葬竹簡的年代，當在墓主下葬前的更早年代。楚簡包括有十六篇古文獻，[15]除了〈老子〉、〈緇衣〉兩篇有傳世本，〈五行〉曾見於馬王堆出土的西漢帛書中，[16]〈性自命出〉另見於《上海博物館藏戰國楚竹書》中，[17]其餘皆是未曾見過的古文獻。因此《郭店楚簡》之史料價值極高，對於整理先秦時期思想的脈絡有重要的影響。[18]

　　《郭店楚簡》涉及到儒家學說的簡文，被學者整理成了共十四篇。這些儒家文獻，即對從孔子至孟荀間之思想轉變脈絡，及初期儒家之完整思想體系，給予前所未見的材料，因而將得以勾勒出更完整的、初期儒家的思想輪廓，及思想史的脈絡。

　　楚墓與整批楚簡的年代，雖然可以有一個下限，即不會晚過於公

14 首本關於楚簡的考古研究報告：《郭店楚墓竹簡》於1998年，由荊門市博物館竹簡整理研究小組的劉祖信、彭浩、王傳富等人撰寫，由中國文物出版社出版。
15 據《郭店楚墓竹簡》來看，包括：〈老子〉、〈太一生水〉、〈緇衣〉、〈魯穆公問子思〉、〈窮達以時〉、〈五行〉、〈唐虞之道〉、〈忠信之道〉、〈成之聞之〉、〈尊德義〉、〈性自命出〉、〈六德〉、〈語叢一〉、〈語叢二〉、〈語叢三〉、〈語叢四〉等。
16 西漢馬王堆文物乃是1973年在湖南長沙出土的。
17 《上海博物館藏戰國楚竹書》，簡稱《上博簡》，乃是自1994年始，上海博物館自海外分幾次買回到中國的楚簡。據「迴旋加速器質譜儀」的測試，《上博簡》的年代，約為西元前200年至300年間，因此與《郭店楚簡》同時或稍後。經過學者比對發現，《郭店楚簡》的〈性自命出〉內容，也同時出現於《上博簡》簡文中，可見這在當時是一篇重要而流通的文獻。
18 例如劉祖信、龍永芳於《郭店楚簡綜覽》中表示，經比對《老子》之楚簡本、帛書本及傳世本，並參證其他史料，老萊子、老聃、太史儋與《老子》一書的關係似乎可以釐清了。老萊子、老聃、太史儋為三個不同的歷史人物。簡本〈老子〉為春秋末年的老聃所作，而莊子、韓非所見的《老子》，則是戰國時期的太史儋以老聃所作為本，再加補注後而成的編述。

元前三世紀初，但是楚簡所包括的各篇儒家文獻，郤無法一一具有更明確的年代考定，學者對於各篇的可能作者與成文年代，有許多不同的看法與爭議。在這種情形下，運用這批文獻材料，雖然不能微觀的具體而論某種觀點乃由某人傳至另一人，但仍可以宏觀的將這些文獻所涉，當成是一個變動的思惟整體，以之分析其所含諸命題間，如何相互聯結與轉變。因此，《郭店楚簡》中的儒家篇章，乃可以相互參照閱讀，經文互訓。《郭店楚簡》之被收藏於一個墓室中，正說明了墓主生前即是這樣閱讀各篇章的。本文在後續的討論中，也對各篇章採用這樣的閱讀分析法。

　　《郭店楚簡》關於「情」的觀點，主要記述在〈性自命出〉、〈天生百物〉、〈禮生於情〉中。[19]約可分以下數點論之。

　　（一）「情氣之性」與「見外之情」被進一步區分界定。之前已論及，《中庸》以「喜怒哀樂」來釋「情」，且將之分成了二個由內而外的層次，在內的層次是「中」，即「喜怒哀樂之未發」者，在外的層次是「和」，即喜怒哀樂之「發而皆中節」者。然而，《中庸》此舉只是簡單的區分了內蘊與外顯這兩個層次，並沒有說明何者乃可歸屬於「性」，換言之，「性」到底是喜怒哀樂未發之「中」呢？還是喜怒哀樂已發之「和」呢？〈性自命出〉在這個問題上，承繼了《中庸》內蘊與外顯兩個層次的劃分，再提出明確的觀點。〈性自命出〉說：「喜怒哀悲之氣，性也。及其見於外，則物取之也。」[20]如是，將尚未見於外之喜怒哀樂，融入了「氣」的概念，並界定爲

19　〈天生百物〉在1998年首次公開郭店楚簡考古成果之《郭店楚墓竹簡》中，原爲　　　〈語叢一、三〉各一部分，而〈禮生於情〉亦原爲〈語叢一、三〉之另一部分。

20　涂宗流、劉祖信，《郭店楚簡先秦儒家佚書校釋》（臺北：萬卷樓圖書，2001），　　　頁144。

「性」。「氣」在春秋時之義涵，依文獻之訓詁所證，乃指事物不同之屬性。例如：

　　《國語‧周語上》：古者，太史順時覛土，陽癉憤盈，土氣震發，農祥晨正，日月底于天廟，土乃脈發。先時九日，太史告稷曰：「自今至于初吉，陽氣俱蒸，土膏其動。弗震弗渝，脈其滿眚，穀乃不殖」。稷以告王曰：「史帥陽官以命我司事曰：『距今九日，土其俱動，王其祗祓，監農不易。』」王乃使司徒咸戒公卿、百吏、庶民，司空除壇于籍，命農大夫咸戒農用。[21]

　　〈左傳‧昭公元年〉：「陰陽風雨晦明」六氣……[22]

　　〈左傳‧昭公二十五年〉：夫禮，天之經也，地之義也，民之行也，天地之經，而民實則之，則天之明，因地之性，生其六氣……民有好惡喜怒哀樂，生于六氣……[23]

　　由此，〈性自命出〉將《中庸》之「中」，即「喜怒哀樂之未發」，進一步發展成各種不同屬性的「氣」之「情氣之性」，換言之，「氣」等同於「性」。另外，〈性自命出〉所說「及其見於外，則物取之也」，則可見同於《中庸》之「發而皆中節」者，都是「見外之情」，並且，〈性自命出〉還進一步提出「情」之所以能見於外，乃因有環境外物或情境（物）之誘發（取之）。「情氣之性」與「物取之」，都是《郭店楚簡》沿續著《中庸》而更新提出的觀點，

21　《國語》（臺北：三民書局，2004），卷一，〈周語上〉，頁11。
22　《春秋左傳會注》（高雄：復文圖書出版社，1986），〈昭公元年〉，頁1222。
23　《春秋左傳會注》（高雄：復文圖書出版社，1986），〈昭公二十五年〉，頁1458。

後世之論可說皆受此影響。

　　（二）「情氣之性」與「見外之情」關係如何呢？《郭店楚簡》實包涵了兩種不同的觀點。觀點之一，是認為在外之「情」不等於在內之「氣」或「性」。〈性自命出〉有言：「四海之內其性一也」，[24]表示「情氣之性」雖蘊涵著可外顯為喜、怒、哀、樂不同感情的可能性或能耐，但人人皆俱有同樣的可能性與能耐，以此來解釋孔子所謂的「性相近」。而〈性自命出〉又言：「凡物亡〔無〕不異也者。剛之桓也，剛取之也。柔之約，柔取之也……其用心各異，教使然也」，[25]表示因為各種不同的外物，因而教養或誘發出各種不同的感情（「心」在春秋以後，依各先秦文獻之訓詁，乃為各種感官之統領、各種感情、價值觀、及性格之總稱），此即是孔子的「習相遠」。如是，同樣的「情氣之性」卻發展出不同的「見外之情」來，可以說「見外之情」即不屬於「性」，換言之，「情」與「氣」、「性」乃是不同的。

　　觀點之二，「情」、「氣」、「性」是等同的。〈性自命出〉有言「道始於情，情生於性。」[26]，丁原植解釋：

　　　「生」指直接而必然的產生，而「始」則為一種設定的源起。「生」具有a與b間的確定關係〔a生於b〕，而「始」則是指b以a為始源的非單一聯繫的關係〔b始於a〕……「道始於情，情生於性」，也

---

24 涂宗流、劉祖信，《郭店楚簡先秦儒家佚書校釋》（臺北：萬卷樓圖書，2001），頁148。

25 涂宗流、劉祖信，《郭店楚簡先秦儒家佚書校釋》（臺北：萬卷樓圖書，2001），頁148。

26 涂宗流、劉祖信，《郭店楚簡先秦儒家佚書校釋》（臺北：萬卷樓圖書，2001），頁144。

就顯示著「道」非由「情」必然產生，但作為人存實情的「情」，卻是人「性」的直接展現，由「性」而生。[27]

　　如此，則「見外之情」與「情氣之性」可說是等同的。

　　若由上面兩種觀點來看，《郭店楚簡》實則與孔子及《中庸》一樣，對於「情」與「性」如何定位的問題，並沒有說清楚。

　　（三）不論「情」與「性」如何定位，「情」乃是生禮、達道之始。這個思惟與《中庸》是一樣的，雖然《中庸》與《郭店楚簡》對於「道」的界定稍有不同。《中庸》言「中也者，天下之大本也，和也者，天下之達道也。致中和，天地位焉，萬物育焉」。[28]此處的「道」似是某種自然的「天理」，非人為的制作。而〈性自命出〉有言：「道始於情」、「始者近情，終者近義。知情者能出之，知義者能入之」，[29]而〈禮生於情〉又言「禮生於情」[30]，及〈天生百物〉接言「義生於道」。[31]這裡的「道」則或指人為了不失「天理」，而特別製作出的行為準則。如是，則兩者依然可見是非常相類的言論。

　　若依丁原植的解釋來看「禮生於情」及「義生於道」，則可見與「情生於性」一樣，「禮生於情」表示「禮」是由「情」必然產生，在「情」之中，有產生「禮」的必然因素，凡有「不合於禮」之處，

---

27 丁原植，《楚簡儒家性情說研究》（臺北：萬卷樓出版，2002），頁47。

28 《中庸》（臺北：藝文印書館四書集註版，2007），頁47-48。

29 涂宗流、劉祖信，《郭店楚簡先秦儒家佚書校釋》（臺北：萬卷樓圖書，2001），頁144。

30 涂宗流、劉祖信，《郭店楚簡先秦儒家佚書校釋》（臺北：萬卷樓圖書，2001），頁290。

31 涂宗流、劉祖信，《郭店楚簡先秦儒家佚書校釋》（臺北：萬卷樓圖書，2001），頁222。

則非是「情」或「性」的問題，而是離了本「性」之後，受到外物趨使（物使之）的作爲。而「義生於道」表示「義」是由「道」必然產生，在「道」之中，有產生「義」的必然因素，凡有「不義」之舉，則非是「道」的問題，而是離經叛「道」之後的作爲（教使然也）。

　　再者，「道始於情」則顯示，雖「情」、「禮」與「性」是直接相通的，「道」與「義」亦是直接相通的，然而這兩組概念卻是不同的。其間的關聯或許可以這樣說，即在一種理想的狀態下，人與外物互動，出於「情氣之性」，而有「見外之情」，並合於天理之美與善，然而若是在一種非理想的狀態下，那麼人受到外物之激使，則可產生不合於禮及矯情失性之行爲，如此只好藉著人所特別制定的「道」，來重新匡正過失、懲惡揚善。如是，「道」與「義」是由外而內的方式來輔佐「性」、「情」與「禮」，此即「知情者能出之，知義者能入之」。

　　（四）「情」所貴者，乃眞誠也。〈性自命出〉有言：「凡人僞爲可惡也」，強調不要矯情造作，而又言：「苟以其情，雖過不惡；不以其情，雖難不貴。苟有其情，雖未之爲，斯人信之矣」，[32]表示雖然或有過失，但只要仍本諸眞情，過失即不會變成罪惡。這種觀點，可見與孔子「必也狂狷乎」非常接近，都是對眞情的闡揚。

　　綜合以上各種觀點的討論，可以發現，《郭店楚簡》關於「情」的思惟，除了承續《中庸》的完整體系外，更增添了些許複雜度或細緻層面，而且比起《中庸》單純的描繪一種理想的「情」的境界，《郭店楚簡》更將視角的焦點，轉移到非理想的現實經驗上，其

---

32 涂宗流、劉祖信，《郭店楚簡先秦儒家佚書校釋》（臺北：萬卷樓圖書，2001），頁175。

中人是會犯錯的，也可以藉由某種外在行為規範之設置（即「道」）來匡正缺失。總而言之，「情」在理想及現實中，都是重要的。

五、孟子與荀子的時代

到了孟子及荀子的時代，對於「情」的關注即轉移到別的地方了，因此「情」相對來說也就沒有那麼被看重。

孟子的思惟，是以「性善論」為核心，而其基礎，則是「親親而仁民，仁民而愛物」的「仁」。[33]因此以往對於「情」的關注，至此全轉移到了「仁」之上。孟子對於「情」的觀點，也依附著「仁」而立論。

孟子對「情」的觀點，主要見於《孟子・告子上》：

乃若其情，則可以為善矣，乃所謂善也。若夫為不善，非才之罪也。惻隱之心，人皆有之；羞惡之心，人皆有之；恭敬之心，人皆有之；是非之心，人皆有之。惻隱之心，仁也；羞惡之心，義也；恭敬之心，禮也；是非之心，智也。仁義禮智，非由外鑠我也，我固有之也，弗思耳矣。故曰：『求則得之，舍則失之。』或相倍蓰而無算者，不能盡其才者也。[34]

在這段中，依前後文的對照，首先可以注意到的是，「乃若其

---

33 《孟子》（臺北：藝文印書館四書集註版，2007），〈盡心上〉，頁881。
34 《孟子》（臺北：藝文印書館四書集註版，2007），〈告子上〉，頁791-2。

情」所指可以順著「情」來做者，乃是順著四端之心來做，而體現仁義禮智之價值觀。換言之，孟子即以「惻隱之心、羞惡之心、恭敬之心、是非之心」來釋「情」。如是，則「情」之義涵已不是指感情，而是涉及了善之價值觀，而相通於固有之本「性」。

　　其次，「若夫爲不善，非才之罪也」，「才」依朱熹的注解，是人將價值觀體現的能力，若「性」本善，則人之「才」亦善。孟子在這裡表示，人若做出了不善的舉動，那麼不是善的本性或行善的能力所致，而是另有其由。至於是什麼原因呢？孟子有言：

　　水信無分於東西。無分於上下乎。人性之善也。猶水之就下也。人無有不善。水無有不下。今夫水。搏而躍之。可使過顙。激而行之。可使在山。是豈水之性哉。其勢則然也.人之可使爲不善。其性亦猶是也。**35**

　　如是，使人做出不善的舉止，乃非出於本「性」，而是受到外物的激使，即「其勢則然也」。這種說法，與《郭店楚簡》之所以提出「道」與「義」的道理，其實相通。依前述，「道」與「義」是人所特別設置的行爲標準，使人在離開本「性」而產生誤差的行爲時，能夠以外在的框架來予以矯正。而人之所以會產生誤差，乃「物取之也」，或「教使然也」。《郭店楚簡》之「物取之也」及「教使然也」，即孟子所謂的「勢則然也」。然則，孟子與《郭店楚簡》不同的是，雖然皆認知人的行爲中會有因外物而產生偏差的部分，但不像

---

35 《孟子》（臺北：藝文印書館四書集註版，2007），〈告子上〉，頁784-5。

　　《郭店楚簡》把改過遷善的方式寄托於「道」與「義」，孟子更積極的鼓吹人要能夠體察並返回本「性」之善，從內做起，自然會讓外在的偏差行爲逐漸消失。《郭店楚簡》鼓吹「道」與「義」的觀點，實較接近於荀子的思惟。

　　荀子的思惟，是以「性惡論」爲核心，而其基礎，則是「欲之多寡，異類也，情之數也……欲過之而動不及，心止之也」的「心」法，順著這種「心」法，而產生了可制約「情」「欲」的「禮義」。荀子對於「情」的觀點，就包涵在這樣的思惟架構中，而主要記述於《荀子》的〈性惡篇〉及〈正名篇〉。

　　荀子如何定位「情」呢？〈正名篇〉提出一個思惟的大綱領，規劃了「性」、「情」、「心」、「慮」、「僞」等之關聯：

　　生之所以然者謂之性；性〔生〕之和所生，精合感應，不事而自然謂之性。性之好、惡、喜、怒、哀、樂謂之情。情然而心爲之擇謂之慮。心慮而能爲之動謂之僞；慮積焉，能習焉，而後成謂之僞。**36**

　　於此，可見「情」是「性」之特別表現，換言之，「情」即「性」也。然而，此「情」似乎具有不善的內容，因此需要用「心」來節制，選擇與過濾（慮）何種行爲舉止可以被體現於外，如此之行爲舉止則謂之「僞」，換言之，人之善行，非如孟子所言乃出於人之固有善「性」，而是出於人爲（僞）的制作。

　　「情」具有什麼內容？又如何的不善呢？在〈正名篇〉中，列舉

---

36 《荀子集解》（臺北：藝文印書館，1994），〈正名〉，頁672。

出了「情」的各種項目：

> 凡同類同情者，其天官之意物也同。故比方之疑似而通，是所以共其約名以相期也。形體、色理以目異；聲音清濁、調竽、奇聲以耳異；甘、苦、鹹、淡、辛、酸、奇味以口異；香、臭、芬、鬱、腥、臊、酒酸、奇臭以鼻異；疾、癢、凔、熱、滑、鈹、輕、重以形體異；說、故、喜、怒、哀、樂、愛、惡、欲以心異。[37]

由此可見，「情」從「性」中產生出來，乃是透過各個感官知覺及心的活動，這與孟子所說「口之於味也，有同嗜焉。耳之於聲也，有同聽焉。目之於色也，有同美焉。至於心，獨無所同然乎？心之所同然者何也？謂理也義也」，[38]實是相同的。然而荀子與孟子不同的是，荀子對產生出來的「情」的關注視角，不是合於美善的一面，而是自私墮落的一面，〈性惡篇〉有言：

> 人之性惡，其善者偽也。今人之性，生而有好利焉，順是，故爭奪生而辭讓亡焉；生而有疾惡焉，順是，故殘賊生而忠信亡焉；生而有耳目之欲，有好聲色焉，順是，故淫亂生而禮義文理亡焉。然則從人之性，順人之情，必出於爭奪，合於犯分亂理，而歸於暴……若夫目好色，耳好聽，口好味，心好利，骨體膚理好愉佚，是皆生於人之情性者也。[39]

37 《荀子集解》（臺北：藝文印書館，1994），〈正名〉，頁677-679。
38 《孟子》（臺北：藝文印書館四書集註版，2007），〈告子上〉，頁797。
39 《荀子集解》（臺北：藝文印書館，1994），〈性惡〉，頁703-708。

　　因此「好利」、「疾惡」、「有耳目之欲」、「好聲色」等，皆是「情」之不善的内容，〈性惡篇〉更舉出幾個例子：

　　堯問於舜曰：「人情何如？」舜對曰：「人情甚不美，又何問焉？妻子具而孝衰於親，嗜欲得而信衰於友，爵祿盈而忠衰於君。人之情乎！人之情乎！甚不美，又何問焉！」唯賢者為不然。**40**

　　由上藉著對於「情」的描述，已可見荀子「性惡論」之概略觀點了。而「情」之惡若是，荀子更稱其為「欲」，〈正名篇〉有言：「欲之多寡，異類也，情之數也……性者、天之就也；情者、性之質也；欲者、情之應也。」**41**對於這樣的不善，荀子以為，只能用人為的方式，即以「心」去制定合於美善的「禮」、「義」、「道」，使人得以匡正缺失。〈正名篇〉記述：

　　故欲過之而動不及，心止之也。心之所可中理，則欲雖多，奚傷於治？欲不及而動過之，心使之也。心之所可失理，則欲雖寡，奚止於亂？故治亂在於心之所可，亡於情之所欲。不求之其所在，而求之其所亡，雖曰我得之，失之矣。

　　以所欲為可得而求之，情之所必不免也。以為可而道之，知所必出也。故雖為守門，欲不可去，性之具也。雖為天子，欲不可盡。欲雖不可盡，可以近盡也。欲雖不可去，求可節也。所欲雖不可盡，求者猶近盡；欲雖不可去，所求不得，慮者欲節求也。道者、進則近

---

40 《荀子集解》（臺北：藝文印書館，1994），〈性惡〉，頁718。
41 《荀子集解》（臺北：藝文印書館，1994），〈正名〉，頁692、694。

盡，退則節求，天下莫之若也。**42**

　　如是，荀子的「性惡論」，最後的重心，即在如何以「心」來節制「情」「欲」，並在社會的環境中，製作出一套能讓所有人依循的「禮法」，〈性惡論〉有言：「凡禮義者，是生於聖人之偽，非故生於人之性也。」**43**

　　由上述可知，荀子如同孟子一樣，已不再將思惟論述的重點，放在「情」上，而轉移至「性惡」及「性善」的問題上了，而「情」的義涵，也與以前所謂的感情不一樣了，另外有所界定。

　　漢代以後之儒士以欲釋情的思惟，或可說是源於荀子。例如以欲釋情之諸注解者，包括：《說文解字》：「情，人之陰氣，有欲者」，**44**《漢書·董仲舒傳》：「情者，人之欲也……人欲之謂情」。**45**

42　《荀子集解》（臺北：藝文印書館，1994），〈正名〉，頁693-695。
43　《荀子集解》（臺北：藝文印書館，1994），〈性惡〉，頁707。
44　《說文解字》（北京：中華書局，1963），頁217。
45　《漢書》（臺北：商務印書館，1981），〈董仲舒傳〉，頁703。

第二節 「性」之命題及義涵演變

一、西周時代

「性」在西周至春秋初期時，尚未成為一個議題。那麼，「性」的原初意含是什麼呢？傅斯年《性命古訓辨證》中已有考證：

> 獨立之「性」字為先秦遺文所無，先秦遺文中皆用「生」字為之。至於「生」字之含義，在金文及詩書中，並無後人所謂「性」之一義，而皆屬于「生」之本義……周代鐘鼎彝器款識中，「生」字屢見，「性」字不見。**46**

如是，「性」之本意，當與「生」有關。徐復觀《中國人性論史》中的考證，亦有類似說法，而提出「『性』之原意應指人生而既有之欲望能力等而言」。**47**

若將上述對「性」原意的說法，對照先秦古籍來看，則「性者，生之謂也」可以得到進一步的佐證。檢視一下西周至春秋間存有之諸古籍，在《易經》、《儀禮》、《周禮》、《春秋》、《公羊》、《穀梁》、《爾雅》等之中，並無出現「性」字，只在《尚書》、《詩經》、《左傳》、《國語》中，得見數處。以下即先就《尚書》、《詩經》分析之。

見之於《尚書》者，乃在〈召誥〉、〈西伯戡黎〉、〈湯誥〉、〈太甲〉、〈旅獒〉數篇。依屈萬里《尚書集釋》的考據，

---

46 傅斯年，《性命古訓辨證》（臺北：新文豐出版公司，1985），頁19、20。
47 徐復觀，《中國人性論史》（臺北：商務印書館，1988），頁6。

〈湯誥〉、〈太甲〉、〈旅獒〉三篇其實是東晉梅賾之偽作，[48]而
〈西伯勘黎〉是戰國時之文字，只有〈召誥〉約是西周成王時所
作。[49]

　　〈召誥〉中包含有「性」字的節文，為「節性，惟日其邁，王
敬作所，不可不敬德」。[50]傅斯年已有考證：「所謂『節性』，按之
呂覽本是『節生』。」[51]屈萬里解釋，所謂「節性」，即是不放縱性
情。整段話的意思是，「節性〔不放縱性情〕，惟日其邁〔每日好好
敦勉自己〕，王敬作所〔做一個君王，要謹慎於其所作為〕，不可不
敬德〔不可不謹慎於維繫其德〕」。如是，則「節性」可說是前述
〈康誥〉引文「無康好逸豫」之同義語，「惟日其邁」換言之即「往
盡乃心」，而「王敬作所，不可不敬德」即相通於「助王宅天命」之
「德」與「教」。「性」字之義，可見是與「生」之情實有關，包括
柴米油鹽、生老病死、感官需求，及發洩情緒等等。

　　《詩經》中包含有「性」字的節文，為〈大雅・生民之什・卷
阿〉中，重覆出現之「豈弟君子，俾爾彌爾性，似先公酋矣……豈弟
君子，俾爾彌爾性，百神爾主矣……豈弟君子，俾爾彌爾性，純嘏爾
常矣」。[52]傅斯年亦有考證，「所謂『彌爾性』，按之金文乃是『彌
厥生』。」[53]屈萬里解釋，此篇詩乃是用來頌美來朝之諸侯，因此其
中用語，多與祝福有關。「豈弟君子」，即指來朝諸侯。「俾爾彌爾
性」中所謂「彌性」，依屈萬里引王國維之訓詁，「即彌生，猶言永

48 屈萬里，《尚書集釋》（臺北：聯經出版事業公司，1983），〈概說〉，頁23。
49 屈萬里，《尚書集釋》（臺北：聯經出版事業公司，1983），頁102。
50 屈萬里，《尚書集釋》（臺北：聯經出版事業公司，1983），頁176。
51 傅斯年，《性命古訓辨證》（臺北：新文豐出版公司，1985），頁12。
52 《詩經詮釋》（臺北：聯經出版事業公司，1983），頁501。
53 傅斯年，《性命古訓辨證》（臺北：新文豐出版公司，1985），頁12。

命矣」，整句的意思，就是「俾使你長壽」、祝長壽之意。長壽能做
什麼呢？「似先公酋矣」〔像先公一樣有謀思〕、「百神爾主矣」
〔由你來祭祀百神〕、「純嘏爾常矣」〔大福常降臨於你〕。如是，
「性」字於此，亦當「生」解，表生命、壽命之意。

　　綜上所述，則可知在西周時代，「性」乃「生」也，其與生之
情實、能耐有關，而尚未具有善與不善、義與不義等之價值判斷的成
分。

二、春秋至戰國時代

　　春秋以前之先秦文獻中，有「性」字者，除《尚書》、《詩
經》外，即是《國語》及《左傳》。而戰國時之先秦文獻，有「性」
字者，則是《論語》、《孟子》、《荀子》及《呂氏春秋》。從這兩
個不同的時期的文獻中，可看出「性」字的涵意，並不相同。傅斯年
於《性命古訓辨證》中，已做了統計與分析，而提出：

　　統計之結果，識得獨立之性字為先秦遺文所無，先秦遺文中皆用
生字為之。至於生字之含義，在金文及詩書中，並無後人所謂性之一
義，而皆屬于生之本義。後人所謂性者，其字義自《論語》始有之，
然猶去生之本義為近。至《孟子》，此一新義始充分發展。**54**

54 傅斯年，《性命古訓辨證》（臺北：新文豐出版公司，1985），頁19。

　　本文即以《國語》及《左傳》爲例，做一些補充分析，以呼應傅斯年之觀點。《國語》有五段節文包括「性」字：

　　〈周語上〉：先王之于民也，懋正其德而厚其性，阜其財求而利其器用，明利害之鄉，以文修之，使務利而避害，懷德而畏威，故能保世以滋大。[55]

　　〈晉語四〉：懋穡勸分，省用足財、利器明德，以厚民性。[56]

　　在這兩段中，提到了諸如「阜其財求而利其器用」〔廣大其財物所需求之供應，使有利於兵器耒耜等之自衛與農事〕、「懋穡勸分」〔努力於農事，勸勉於以有餘以濟不足〕、「省用足財」〔節省而使生活財用滿足〕、「利器明德」〔助益於自衛農事之器用，彰明德與教〕，皆是與民生之吃住等有關之事項，由此來看，文中之「性」字，仍當「生」解。

　　〈楚語上〉：且夫制城邑若體性焉，有首領股肱，至于手拇毛脈，大能掉小，故變而不勤。[57]

　　在這段中，以身體之各部位，如「首領股肱，手拇毛脈」，及其間之關係，即「大能掉小」，來比擬諸城邑之建築及規劃，因此，「體性」在此指的是身體的特質、構成要件，可說是接近於西周時之

55　《國語》（臺北：臺灣書房，2009），上冊，頁4。
56　《國語》（臺北：臺灣書房，2009），下冊，頁507。
57　《國語》（臺北：臺灣書房，2009），下冊，頁772。

以「生」解「性」。

〈周語中〉：夫人性，陵上者也，不可蓋也。求蓋人，其抑下滋甚，故聖人貴讓。**58**

這段話的意思，是如果一個人有比別人更好的能力，就蓋也蓋不住，自然會顯露；如果硬要騎在別人頭上，則只是更表示自己的低下。如是，所謂「夫人性」者，當是指人的能耐、能力。這亦接近於以「生」解「性」。

〈晉語七〉：樂伯請公族大夫，公曰：「荀家惇惠，荀會文敏，黶也果敢，無忌鎮靜，使茲四人者為之。夫膏粱之性難正也，故使惇惠者教之，使文敏者導之，使果敢者諗之，使鎮靜者修之。惇惠者教之，則遍而不倦；文敏者導之，則婉而入；果敢者諗之，則過不隱；鎮靜者修之，則壹。使茲四人者為公族大夫。」**59**

在這段中，所謂「膏粱之性」，本是說吃肥美的肉與精美的食物的「生」之「性」，但前後文中，又提出了「惇惠」、「文敏」、「果敢」、「鎮靜」等品德，強調要把耽溺在吃美食的「膏粱之性」，往這些品德上轉變，因此，這意味著「性」即不只是「生」，而開始有價值觀上面的關切了。

《左傳》亦同樣有五段節文包含了「性」字：

---

58 《國語》（臺北：臺灣書房，2009），上冊，頁111。
59 《國語》（臺北：臺灣書房，2009），下冊，頁610。

〈襄公十四年〉：天生民而立之君，使司牧之，勿使失性……天之愛民甚矣，豈其使一人肆於民上，以從其淫，而棄天地之性，必不然矣。[60]

〈昭公八年〉：宮室崇侈，民力彫盡，怨讟並作，莫保其性。[61]

〈昭公十九年〉：吾聞撫民者，節用於內，而樹德於外，民樂其性，而無寇讎，今宮室無量，民人日駭，勞罷死轉，忘寢與食，非撫之也。[62]

在這三段節文中，第一段將「天地之性」與「使一人肆於民上，以從其淫」相對應，而後者指的是一人之所需求，那麼前者當指的是萬人之所需求。換言之，「性」字於此指的是「生」。第二段提到了「宮室崇侈」，屬於住的問題，影響到了「民力」的喪失，因此，所謂「莫保其性」，即指的是此百姓之力。在此「性」字亦當「生」解。第三段提到了「節用於內」、「勞罷死轉」、「忘寢與食」等，依然是衣食住行之類的民生問題，因此「民樂其性」之「性」字，亦是「生」。

〈襄公二十六年〉：夫小人之性，釁於勇，嗇於禍，以足其性，而求名焉者，非國家之利也。[63]

在這段中，所謂「小人之性」，指的是「釁於勇」〔好動於蠻

60　《春秋左傳今註今譯》（臺北：商務印書館，2009），中冊，頁1122-1123。
61　《春秋左傳今註今譯》（臺北：商務印書館，2009），下冊，頁1486。
62　《春秋左傳今註今譯》（臺北：商務印書館，2009），下冊，頁1605。
63　《春秋左傳今註今譯》（臺北：商務印書館，2009），中冊，頁1271。

勇〕、「嗇於禍」〔貪於名聲與事功而捲入禍事〕，而用來「足其性」者，是「名」的追求。由此看來，這些皆已不是單純的衣食住行等「生」之事務，而涉入了某種道德或價值觀。因此，「性」在此不當「生」解，而代表了某種從生活中得來的「價值內涵」。

〈昭公二十五年〉：夫禮，天之經也，地之義也，民之行也，天地之經，而民實則之，則天之明，因地之性，生其六氣，用其五行，氣為五味，發為五色，章為五聲，淫則昏亂，民失其性，是故為禮以奉之，為六畜，五牲，三犧，以奉五味，為九文，六采，五章，以奉五色，為九歌，八風，七音，六律，以奉五聲，為君臣上下，以則地義，為夫婦外內，以經二物，為父子，兄弟，姑姊，甥舅，昏媾，姻亞，以象天明，為政事，庸力，行務，以從四時，為刑罰，威獄，使民畏忌，以類其震曜殺戮，為溫，慈，惠，和，以效天之生殖長育，民有好惡喜怒哀樂，生于六氣，是故審則宜類，以制六志，哀有哭泣，樂有歌舞，喜有施舍，怒有戰鬥，喜生於好，怒生於惡，是故審行信令，行禍賞罰，以制死生，生，好物也，死，惡物也，好物樂也，惡物哀也，哀樂不失，乃能協于天地之性，是以長久。**64**

在這段闡述禮的節文中，首先提出，由地之「性」，生出了六氣、五行、五味、五色、五聲等等，這些即代表了自然環境與生活中的百態萬象，如是，「性」依然是「生」之義。然而節文後段，接著提到了君臣、夫婦、父子、兄弟、姑姊、甥舅等等的人倫關係，及

---

64 《春秋左傳今註今譯》〔臺北：商務印書館，2009〕，下冊，頁1671-1672。

溫、慈、惠、和等等之品德，還有好惡喜怒哀樂等之情，這些顯然都已經涉及了價值判斷的問題，而非只是「生」。因此，「性」字之義，可見正由單純的「生」之情狀，往某種「價值判斷」上遞變。

　　由《國語》與《左傳》共十段節文來看，在春秋至戰國這段時期間，「性」之所指，除了延續自西周時即具有的「生」外，開始發展出了新的意含，而涉及了生活經驗中的價值判斷。

三、孔子的時代

　　春秋至戰國間，「性」的意含開始轉變。然而，關於「天命」與「性」的問題，孔子自身是不太提起的。許多研究論文，例如陳榮捷〈初期儒家〉、成中英〈戰國時代的儒家思想及其發展〉、許倬雲《從歷史看人物》、龐樸《郭店楚簡與早期儒學》等文，都已指出孔子不言天命。那麼，這顯示出了什麼相關的態度嗎？考之《論語》，從孔子與其弟子的談話中，可找到一些有助解答的線索：

　　子貢曰：夫子之文章，可得而聞也；夫子之言性與天道，不可得而聞也。（公冶長，頁187）

　　樊遲問知。子曰：務民之義，敬鬼神而遠之，可謂知矣。（雍也，頁211）

　　子不語怪、力、亂、神。（述而，頁230）

　　子罕言利，與命，與仁。（子罕，頁253）

　　季路問事鬼神。子曰：未能事人，焉能事鬼。曰：敢問死。曰：未知生，焉知死。（先進，頁290）

　　君子有三畏，畏天命，畏大人，畏聖人之言。（季氏，頁394）**65**

　　從這些談話中透露出來的態度，約略可分爲幾點：首先，孔子說「敬鬼神而遠之」、「未能事人，焉能事鬼」，又說「罕言命」、「畏天命」，可見西周時佔據思惟核心地位、人人所敬畏的天帝與天命，孔子雖也敬畏，卻已不將之置於關切的焦點、思惟的核心了。

　　其次，「性」對孔子來說，似乎也不只是「生」這麼簡單了：或因議題太精微，因此孔子才少言「性」與「天道」。

　　第三，孔子思惟的重心，已經從「天命」、「性」，轉而置放在人間世的經驗與價值上了。「未能事人，焉能事鬼」、「未知生，焉知死」，人生在世時的「事人」的道理，於是成爲孔子一生教誨的義理所在。

　　明瞭了上述三點態度，尙還有一事可以補充說明。即是孔子雖然少言「性」，卻也指出了「性相近，習相遠」。**66**然而，這句話的涵義，實在有些含糊。傅斯年即說：「所謂夫子之言性者，其字究應作性或作生，不能于此語之內求之，《論語》中他事亦鮮可供解決此事者，必參考稍後之書始可決之。」**67**然則，分析起來，或可以有以下幾種不同的詮釋。

　　（一）仍然將孔子所說的「性」，以「生」來解。如此所謂的「性相近」，即是人有同「生」。換言之，人皆具有衣食住行等等同

---

65 《論語》（臺北：藝文印書館四書集註版，2007）。
66 《論語》（臺北：藝文印書館四書集註版，2007），〈陽貨〉，頁400。
67 傅斯年，《性命古訓辨證》（臺北：新文豐出版公司，1985），頁85。

樣的營生所需，並且具有身體行為與體觸的相近能耐，或是說凡是人都有感官，感官皆有同樣的知覺能力，此即一樣的天性也。

（二）將「性」理解為一種人與外間環境互動的能力，及因外物環境牽引而致思想與行為改變的可能情形。如此「性相近」即指凡人皆以與環境外物互動為生活的出發點，並且，人之變好變壞，總是相近似的類型。

（三）將「性」理解為一種特定的價值觀，「性相近」即指人皆具有某種相同的、固有的價值觀。

由於孔子並沒有在這上面多做解釋，因此這句話的含意，實難考定。而且若與孔子對感情的重視聯繫在一起來看，那麼同樣缺乏解釋的是，「性相近」與「直」的感情，及受影響所致之狂狷，是否意指一樣的情況？而「性」、「情」又該如何定位？

然而上述三種詮釋的可能性，其實代表著三種不同的發展指標，第一種詮釋，可見與西周時的思惟相同，因而其所代表的，是與西周的傳承與聯繫。第二種詮釋，則與《郭店楚簡》的思惟相類，代表著春秋與戰國之際的思想轉變。第三種詮釋，另與孟子或荀子的思想相近，代表了戰國時「性善論」、「性惡論」的源起。由於有這三種象徵性的發展指標的意含，因此孔子所提出的「性相近，習相遠」，實具有一種承先啟後的功能與重要性

四、《中庸》的時代

《中庸》關於「性」的文句，主要見於〈誠明篇〉，但〈中庸篇〉亦提供了瞭解其觀點的必要資訊。

　　〈誠明篇〉首云：「天命之謂性，率性之謂道」。由此而論，「性」字之意含，與「天命」及「道」皆有密切的關聯。《中庸》關於「道」的觀點，可以說是承襲自《大學》。兩者皆不特別去談論「道」是否爲固有之善性，而是著重在強調某種生命價值之可實踐性，而該生命價值的實踐場域，即是日常生活的經驗事務。

　　以〈誠明篇〉之「道也者，不可須臾離也，可離，非道也」來說，道既不可離，所指出的「道」，即是一種普世的生命價值。但是，這種普世的「道」是否爲性之固有，則沒有明示；若要明示，或則言「道不會須臾離也」，而不是「不可須臾離也」。並且，既然提出了「可離」的問題，即表示「道」在日常生活中確實有沒做到的時候，換句話說，重點在生活中有做對及做錯的時候，那麼即應該學習如何改正錯誤、維持正道。〈誠明篇〉下文立即接著舉出一個人在有所知，及有所不知下，如何能糾錯正誤。「是故君子戒愼乎其所不睹，恐懼乎其所不聞」，表示在有所不知的情形下，有許多的事理爲其所不明，有許多的錯誤爲其所不察，錯誤即可能會發生，因此一個人要更加小心謹愼的學習。「莫不見〔現〕乎隱，莫不顯乎微，故君子愼其獨也」，表示在有所知的情形下，或許別人看不到，但因是己身事，因此自己都知道，那麼就要誠實而謹愼的省察自己細微或隱藏的言行，以防微杜漸。〈中庸篇〉還有幾段也透露出同樣的意含。

　　子曰：道之不行也，我知之矣；智者過之，愚者不及也。道之不明也，我知之矣：賢者過之，不肖者不及也。人莫不飲食也，鮮能知味也。

　　子曰：道不遠人。人之爲道而遠人，不可以爲道……故君子以人治人，改而止。忠恕離道不遠……君子之道四，丘未能一焉：所求乎

子以事父，未能也；所求乎臣以事君，未能也；所求乎弟以事兄，未能也；所求乎朋友先施之，未能也。

在上列段落中，舉出「道」之不行，有「過」與「不及」的情狀，有「遠人」的問題，孔子於父子、君臣、兄弟、朋友諸事中，也有做不好的時候，可見所舉皆是「道」在生活實踐的過程中，所會出現的失誤，而「道」是否即為先天固有的性善價值，不是此處的重點。

又從段落中所說「人之為道而遠人，不可以為道」來看，在生活實踐中體察「道」時，須以人為考量的核心，換言之，如果「道」乃是無關乎人的真理，那或許人即無從得知，亦無需得知，求「道」的目的，端在助益人的生命生活。「以人治人，改而止」，就是在生活實踐中歸納經驗的對與錯，體察價值的真與假之法門。如是，《中庸》所重的，是如何在現世的生活中探研，慢慢體察掌握普世的生命價值。

據以上〈中庸篇〉及〈誠明篇〉的相關段落來看，其重點都在於人世間的經驗實踐與教訓統整總結，由是，「天命之謂性」即可解為，「在人世間努力耕耘實踐」這件事，就是「性」，換言之，「性」是一種人所具有的努力、能耐或能力。而「率性之謂道」則意味著，這種努力如果持續下去（率性），即可體現並總結出其努力過程中所涉及之生命價值（道）。

〈誠明篇〉在「天命之謂性，率性之謂道」的數句話之後，所接續的文句，即是闡述經由喜怒哀樂之未發（中）與既發（和），而從「大本」以至於「達道」之進程，「致中和，天地位焉，萬物育焉」。於此，由於文句的排比位置非常接近，且不論漢世或宋明之

世，皆將這些文句歸於同一章，即今所見《中庸》之第一章，因此，「率性之謂道」的進程，與「致中和」的進程，可以互訓參照，是合理的。換言之，「致中和」即是如何「率性」而爲，如何在人世間努力耕耘，以至於「達道」的具體作法。

依前面的小節中所討論，「致中和」所指，乃是透過人與環境的理想互動，而於情感的發抒堆疊中，建立起一個天地萬物長育的理想世界。由此，不但表示了對感情的重視，更似乎是第一次的將感情的重要性，提昇到成爲建構理想世界的基礎或踏腳石。以「致中和」解「率性」，「性」字之義於是指向了生活中的喜怒哀樂，包括了喜怒哀樂的能力、喜怒哀樂之情感本身、及其所涉之價值觀傾向。

值得注意的是，「致中和」所描述的，是一種理想的境界，因此「性」之義，最終即指向了善。但在較爲現實的情境中，誠如孔子所提到的，「不得中行而與之，必也狂狷乎」，很難拿捏到底什麼樣的情感狀態才算是「中和」，因此總有些太過之狂，或不及之狷，並寧可狂狷，也不要沒有感情做基礎而徒具空洞形式的義，「鄉原（愿），德之賊也」。於是，在現實的生活情境中，「致中和」所致，則是有狂有狷，有善有惡，有喜有悲，人生百味的多元世界。《左傳》約略是與《中庸》同時代、同背景的著作，其中魯襄公二十九年所記之〈季札觀周樂〉，正提供了這現實處境中的「致中和」最好的例證。

吳公子札來聘，請觀於周樂。

使工爲之歌周南、召南，曰：「美哉！始基之矣，猶未也，然勤而不怨矣。」

爲之歌邶、鄘、衛。曰：「美哉！淵乎！憂而不困者也。吾聞衛

康叔、武公之德如是，是其衛風乎？」

　　為之歌王。曰：「美哉！思而不懼。其周之東乎？」

　　為之歌鄭。曰：「美哉！其細已甚，民弗堪也。是其先亡乎？」

　　為之歌齊。曰：「美哉！泱泱乎！大風也哉！表東海者其大公乎？國未可量也！」

　　為之歌豳。曰：「美哉！蕩乎！樂而不淫。其周公之東乎？」

　　為之歌秦。曰：「此之謂夏聲。夫能夏則大，大之至也。其周之舊乎？」

　　為之歌魏。曰：「美哉！渢渢乎！大而婉，險而易行。以德輔此，則明主也。」

　　為之歌唐。曰：「思深哉！其有陶唐氏之遺民乎？不然，何憂之遠也？非令德之後，誰能若是？」

　　為之歌陳。曰：「國無主，其能久乎？」

　　自鄶以下，無譏焉。

　　為之歌小雅。曰：「美哉！思而不貳，怨而不言，其周德之衰乎？猶有先王之遺民焉！」

　　為之歌大雅。曰：「廣哉！熙熙乎！曲而有直體，其文王之德乎？」

　　為之歌頌。曰：「至矣哉！直而不倨，曲而不屈；邇而不偪，遠而不攜；遷而不淫，復而不厭；哀而不愁，樂而不荒；用而不匱，廣而不宣；施而不費，取而不貪；處而不底，行而不流。五聲和，八風平，節有度，守有序。盛德之所同也！」

　　見舞象箾、南籥者。曰：「美哉！猶有憾！」

　　見舞大武者。曰：「美哉！周之盛也，其若此乎？」

見舞韶濩者。曰：「聖人之弘也，而猶有慙德，聖人之難也！」

見舞大夏者。曰：「美哉！勤而不德，非禹，其誰能脩之？」

見舞韶箾者。曰：「德至矣哉！大矣！如天之無不幬也，如地之無不載也。雖甚盛德，其蔑以加於此矣，觀止矣。若有他樂，吾不敢請已。」

由上可見，各國之民風不同，生活處境不同，因此發展出的樂舞也不同，社會面貌也不同。依現實中的「致中和」來說，「率性」之「性」，其義最終也可為善，亦可為惡，乃是一種多元紛呈之樣態。

「致中和」可以達道，故可用來與「率性」相互參照，以解「性」之義。〈中庸篇〉又有言：「中庸其至矣乎！民鮮能久矣……道其不行矣夫」，可見若能將「中庸」做到極致，其終也是在達道，故「行中庸」，亦可與「率性」相互參照，以解「性」之義。

「中庸」之義，依前面所論，「中」涉及以某種標準或綜合不同面向之考量所做的價值判斷。而此判斷之核心，或最高的總綱，又歸於「善」之價值。「庸」則指稱日常生活的事務，如「庸德之行，庸言之謹，有所不足，不敢不勉」，其所重視的，可見是這些事務的精進與改錯。結合兩者來看，「行中庸」乃是在生活的各類經驗中吸取教訓，改過遷善。如是，依「行中庸」來解「率性」，「率性」即企圖將現實世界中或善或惡之言行，導引至一種理想的境界，因此「性」之義，最終指向了善。

值得注意的是，從「天命」、「致中和」、「行中庸」來釋「性」，「性」不必為先天固有之善，但必指向了後天學習而得之善。而此觀點，可說正好替後世的孟子與荀子的學說鋪了路，孟子將

「性」「不必爲先天固有之善」重新詮釋爲「固有之善性」，荀子將「性」「必指向了後天學習而得之善」演繹爲「先天習性之惡」而須透過「後世之禮法以矯正之」。故有學者以爲孟子主要乃承續了〈誠明篇〉由內而外之培育以達道的思想，荀子則主要承續了〈中庸篇〉由外而內之教化以達道之思想。

五、《郭店楚簡》的時代

《郭店楚簡》中關於「性」的觀點，主要記述在〈性自命出〉及〈五行〉等篇。

（一）「性」如何界定呢？，〈性自命出〉有言：「喜怒哀悲之氣，性也。及其見於外，則物取之也。性自命出，命自天降。道始於情，情生於性」、[68]「凡物亡不異也者……四海之內其性一也，其用心各異，教使然也。」[69]如同在上一節中已討論者，「性」在此已被定義爲一種內在的「氣」，由之而可別稱「情氣之性」。再者，「情氣之性」因爲外物的誘發而產生出「見外之情」，「見外之情」與「情氣之性」可以被視爲相異（其性一也、其用心各異、物亡不異也者），或是等同（情生於性）。[70]由是，若當「見外之情」及其相應之行爲有所不善時，則該不善者乃導因於外物之誘發，使人失去了本

---

68 涂宗流、劉祖信，《郭店楚簡先秦儒家佚書校釋》（臺北：萬卷樓圖書，2001），頁144。
69 涂宗流、劉祖信，《郭店楚簡先秦儒家佚書校釋》（臺北：萬卷樓圖書，2001），頁148。
70 詳細討論請參看第三章第一節之四：《郭店楚簡》的時代。

「性」或眞「情」，於是才有不善之擧得以發生。

（二）「性」的指涉可以包括何者呢？不論「性」與「情」如何定位，「性」所可指涉者，在〈性自命出〉中有更清楚的說明：「凡人雖有性，心無定志……好惡，性也。所好所惡，物也。善不善，性也，所善所不善，勢也。」[71] 所謂「好惡」，即是人之選擇，例如接受或拒絕、喜歡或厭惡、有利或有害等等。所謂「善不善」，則涉及到價值觀，例如對於是非、善惡、義理的把持等等。如果再加上「用心各異」之「情」，例如喜、怒、哀、樂等等，那麼可見「性」之所涉至少有三大類：與意志之選擇有關者、與價值觀有關者、與感情有關者，而且此三大類，既是可好可惡、可善可不善、可喜可怒，這就表示「性」尚無固定的性質，純爲一種能耐或可能性，此即「凡人雖有性，心無定志」。《郭店楚簡》的這個觀點，可以說是自孔子以來，第一次對「性」所做的詳細剖析與界定。

（三）「性」既可好可惡、可善可不善、可喜可怒，那麼如何被外物誘發而產生「用心各異」的外顯行爲呢？〈性自命出〉有更細的闡述：

凡人雖有性，心亡（無）定志，待物而後作……或動之，或逢之，或交之，或屬之，或出之，或養之，或長之。動性者，物也；逢性者，悅也；交性者，故也；屬性者，義也；出性者，勢也；養性者，習也；長性者，道也。凡見者之謂物，快於己者之謂悅，物之勢者之謂勢，有爲也者之謂故。義也者，群善之蕝也。習也者，有以習

71 涂宗流、劉祖信，《郭店楚簡先秦儒家佚書校釋》（臺北：萬卷樓圖書，2001），頁144。

其性也。道者，群物之道。[72]

　　如此，可讓外物與「性」互動（心動）的緣由包括有感官知覺（物）、感情（悅）、對事態的感知（勢）、因果的促使（故）、對事物價值的體認（義）、乃至經教養學習而得之習性（習）、及對萬物事理的體悟（道）。合而言之，這些所「感」，可見皆非一般所說的思考，而是在「思」之前，人經由不同管道對於環境事物的感知或直觀。此外，這些所「感」，亦非僅單純的感官知覺，還包括、融合了特定的價值與意義之體悟，因此有別於「知」。如是，或可將上述「性」與外物互動之機制，特稱為「感」的機制。在中國先秦哲學的發展中，第一次將這個「感」的機制做出明確說明者，即是《郭店楚簡》。

　　（四）要如何規範善與不善的行為發生呢？〈性自命出〉有言：

　　詩、書、禮、樂，其始出皆生於人。詩，有為為之也。書，有為言之也。禮、樂，有為舉之也。聖人比其類而論會之，觀其先後而逢訓之，體其義而節度之，理其情而出入之，然後復以教。教，所以生德於中者也。禮作於情，或興之也。當事因方而制之，其先後之序則義道也。或敍為之節則度也。致容貌，以度次也。[73]

72　涂宗流、劉祖信，《郭店楚簡先秦儒家佚書校釋》（臺北：萬卷樓圖書，2001），頁144,150,151。

73　涂宗流、劉祖信，《郭店楚簡先秦儒家佚書校釋》（臺北：萬卷樓圖書，2001），頁153。

　　這段話先說明了詩、書、禮、樂都是產生於對人所做出來的言行舉止的記述，由此可以將詩、書、禮、樂視爲是實際生活經驗的反思結晶。而既是聖人觀摩比較了詩、書、禮、樂的內容，再以之教人，因此可以說此類之教學乃屬於從後天的經驗中學習。如是，人如有善行，當可藉此教學闡揚之；人如有不善之行，則可藉此教學匡正之。由此可見，《郭店楚簡》的教化觀，與《中庸》重視後天學習的「致中和」及「致中庸」，實是一脈相承，這種教化觀，其後又傳給了荀子，荀子的思惟也非常重視以人所自制的禮義來教化人心。

　　（五）由「性」而發展出「德」與「善」之價值觀

　　「性」與外物經由「感」的機制而互動，由此產生出來的成果，包括內在的價值體悟與外在的言行舉止等兩部分。〈五行〉記述了這兩部分的內容：

　　仁形於內謂之德之行，不形於內謂之行。義形於內謂之德之行，不形於內謂之行。禮形於內謂之德之行，不形於內謂之行。智形於內謂之德之行，不形於內謂之行。聖形於內謂之德之行，不形於內謂之德之行。德之行五，和謂之德，四行和謂之善。善，人道也。德，天道也。**74**

　　依上述，內在的價值體悟包括了仁、義、禮、智、聖，統稱爲「德」，而外在的言行舉止包括了仁、義、禮、智，統稱爲「善」。「德」與「善」皆是「性」所最終指向的目標，也是人生的最高境

---

74 涂宗流、劉祖信，《郭店楚簡先秦儒家佚書校釋》（臺北：萬卷樓圖書，2001），頁377-380。

界。若與其後的孟子學說相比較，可以發現，孟子主張的固有善性（包括仁、義、禮、智四端），即來自於《郭店楚簡》。

（六）總合而言，《郭店楚簡》提出了一個比《中庸》還要完整而細緻的思惟體系。《中庸》已先有言「天命之謂性，率性之謂道」，而〈性自命出〉則提出了更進一步的解析：「性自命出，命自天降，道始於情，情生於性」。在此，「天」、「命」、「性」、「情」、「道」之間的順序變得清晰了，而且個個分明，並沒有像早期孔子般的含混，也沒有像後期孟荀般全融在一起。結合〈性自命出〉上下文一起來看，這段話的意思，是說從「天」這個神秘的宇宙總體中，產生了每個人或同或異的人生之路，即「命」，而在每個人的「命」中，又有基本的能夠與萬物互動的能耐，即「性」，然後因每個人實際與環境之互動態勢不同，而產生不同的喜怒哀樂之「情」，最後，人生「道」理的領悟，則需自人「情」世故之中去開始體會、反思、學習。經過〈命自性出〉的解析，《中庸》似乎更能被人理解了，而初期儒家的思想，也更能被人精確掌握了。「天」、「命」、「性」、「情」、「道」層層相扣而一貫相承，因此形成了一個完整而細緻的思惟體系。

六、孟子與荀子的時代

到了孟子及荀子的時代，對「性」、「情」的定位即很明顯，被當成是對等語。而其由，與當時對「心」、「氣」有清楚的定義與解說，有直接的關係。

《孟子‧公孫丑上》中提到孟子說「不得於言，勿求於心，不

可。夫志，氣之帥也。氣，體之充也。夫志至焉，氣次焉。故曰持其志，無暴其氣」。[75]於此，孟子視「氣」爲貫充於身體的一種生命特質，「志」是將這種生命特質往某個方向加以發揮的意圖，而「心」爲持「志」之主體。因此從「心」、「志」、到「氣」的聯貫，即是從心到身的整合、思緒與行爲的合一。

在孟子的想法裡，「心」、「志」、「氣」的活動，又是一種主體（人）與外間環境互動的歷程。《孟子・告子下》說：「天將降大任於是人也，必先苦其心志，勞其筋骨，餓其體膚，空乏其身，行拂亂其所爲，所以動心忍性，曾（增）益其所不能」。[76]如此，身心在環境中，會有各種不同的應變狀況，唯有審慎的掌握好「心」動的方向，才不會「志」亂「氣」虛，「空乏其身，行拂亂其所爲」。

「心」、「志」、「氣」與環境的互動，不論拂亂與否，都是一種動勢。而孟子以爲，凡是人，此動勢皆是向特定的、善良的方向發展。《孟子・公孫丑上》提到：「惻隱之心，仁之端也。羞惡之心，義之端也。辭讓之心，禮之端也。是非之心，智之端也。人之有是四端也，猶其有四體也」。[77]此四端，如人的四肢般，即是人所具有的、獨特的善的動勢。

由上述可知，「心」、「志」、「氣」在言談論述中的定位，基本上皆爲人在世間環境裡，所會有的行爲特質，換言之，是屬於經驗界的事物。然而，孟子藉由對善的動勢之延伸解釋，而使得「性」這一個在孔子時代似乎不可言說的議題，在此已然與「心」、「志」、

75 《孟子》（臺北：藝文印書館四書集註版，2007），頁534。
76 《孟子》（臺北：藝文印書館四書集註版，2007），頁843-844。
77 《孟子》（臺北：藝文印書館四書集註版，2007），頁553-554。

「氣」聯成一貫。《孟子・告子上》：「人性之善也，猶水之就下也」。**[78]**孟子以水往下流的動勢來比喻人的自然的向善趨勢，而用「性」來統一解釋，因此成就了「性善論」。

若將孟子與《郭店楚簡》相比較，可以發現，孟子將《郭店楚簡》所主張的內在的「德」與外在的「善」，全部轉化成內在固有的「善性」。再者，「德」與「善」在《郭店楚簡》的思惟中本是「性」的成果，到了孟子，即轉變成為「性」的本質，是人身心活動的起源而非成果。**[79]**

相對於孟子所提出的善的動勢，荀子所提則為惡的動勢。《荀子・性惡篇》：「若夫目好色，耳好聲，口好味，心好利，骨體膚理好愉佚，是皆生於人之情性者也」。**[80]**好色、好聲等等，已不只是述說人之基本感官能力，而是描繪特定的動態傾向了。此點在上一節中已有討論。而荀子亦以「性」來統領惡之動勢，而建構起「性惡論」，亦可說很真實的反映了戰國時代的社會經驗。

---

78 《孟子》（臺北：藝文印書館四書集註版，2007），頁784-785。
79 孟子如何轉變了《郭店楚簡》的觀點，主要記述在《孟子・告子上》。告子的學說，似乎可見是直接傳承自《郭店楚簡》，而主張仁內義外、性無善無惡或可為善亦可為惡。孟子即以對於告子學說的辯解，來提出其「性善論」。
80 《荀子集解》（臺北：藝文印書館，1994），〈性惡〉，頁708。

第三節　《樂記》的思惟比對與年代斷定

　　《樂記》中關於「情」與「性」的觀點，首先可以分析者，是「情」與「性」的關係。

　　是故其哀心感者，其聲噍以殺；其樂心感者，其聲嘽以緩；其喜心感者，其聲發以散；其怒心感者，其聲粗以厲；其敬心感者，其聲直以廉；其愛心感者，其聲和以柔。六者，非性也。[81]

　　在這段話中，「情」之指涉，即以喜、怒、哀、樂、敬、愛為代表。這六者「非性也」，表示「情」與「性」是不等同的。若將此與孔子、《中庸》、《郭店楚簡》、孟子、荀子等之思惟相比較，可以發現，若年代晚一點如同孟子及荀子時，則孟子與荀子皆己主張「性」與「情」是相通的，而且對於「情」的界定已不是將之視為喜怒哀樂等感情，而是另有所指（四端、欲），如此已離開了早先對於「情」的重視與思惟脈絡。由此來看，《樂記》當不致於是孟荀時代，或孟荀之後的著述。

　　而年代早一點如同孔子及《中庸》時，則孔子雖然重視「情」，但少言「性」，並沒有明言兩者之關係，而《中庸》亦沒有明言「率性」與「致中和」之「情」有何關係，因此，《樂記》或即無法確定是否與孔子或《中庸》同時代，然而，《樂記》也不是不可以與之同時代。

　　若論曾經明言「情」與「性」之關聯者，就只有《郭店楚簡》了，而且《郭店楚簡》具有雙重觀點，一方面曾主張「情」與「性」

---

81 《禮記》（臺北：藝文印書館十三經注疏版，1956），第十九，〈樂記〉，頁663。

相通（情生於性），另方面又曾主張「情」與「性」不同（四海之內其性一也，其用心各異，教使然也）。如是，與《樂記》之觀點相較，可見兩者都以同樣的明確度來討論「情」與「性」之關聯，又都曾主張「情」與「性」不同。由此來看，似乎《樂記》最有可能與《郭店楚簡》屬於同一個時代的著述。或者說，《樂記》之著述，或即不晚於《郭店楚簡》的年代。

　　《樂記》既主張「情」與「性」是不等同的。那麼，「情」之六者又有何特色或功效？「性」又是什麼？兩者間如何互動呢？另一段話提供了一些線索：

　　　人生而靜，天之性也；感於物而動，性之欲也。物至知知，然後好惡形焉。好惡無節於內，知誘於外，不能反躬，天理滅矣。夫物之感人無窮，而人之好惡無節，則是物至而人化物也。人化物也者，滅天理而窮人欲者也。於是有悖逆詐偽之心，有淫泆作亂之事。是故，強者脅弱，眾者暴寡，知者詐愚，勇者苦怯，疾病不養，老幼孤獨不得其所，此大亂之道也。[82]

　　「性」在此乃界定為「人生而靜」之「靜」，即人未受外物誘發時，身心所具備的能耐。而一旦與外物接觸，「物至知知」，則會產生各種不同的反應，才會有所好惡，「然後好惡形焉」。與此段話相類，《樂記》還有另一段話：「夫民有血氣心知之性，而無哀樂喜怒之常，應感起物而動，然後心術形焉」。[83]如是，《樂記》中之

82　《禮記》（臺北：藝文印書館十三經注疏版，1956），第十九，〈樂記〉，頁666。
83　《禮記》（臺北：藝文印書館十三經注疏版，1956），第十九，〈樂記〉，頁679。

「性」，可見乃如《郭店楚簡》所界定的「性」一般，是不具固定屬性的、非善非惡的、或是可善可惡的一種能耐，而不是如孟子的「性善論」或荀子的「性惡論」。這又支持了《樂記》與《郭店楚簡》屬於同一個時代的判斷。

在上述引文中，也可見《樂記》對於「情」的反思。所謂「好惡無節於內，知誘於外」，及「夫物之感人無窮，而人之好惡無節」，就顯示了「情」被誘發之後，失去節制，而有過分的過與不及的情形。這種情形並將導致「天理滅矣」，具體來說，即有淫、脅、暴、詐、怯、不養之情狀產生。《樂記》特稱此種無節之「情」為「欲」：「惑於物而動，性之欲也……滅天理而窮人欲者也」。然而，「欲」之弊端並非不可改正，只要能「反躬」，就能使「情」之觸發再回到合於天理的正道上來，因此《樂記》另有言：「君子反情以和其志」，[84]即是在說明如何讓「情」不致走偏了或走偏了如何導正的辦法。如是，可見「情」與「欲」並不對等，「欲」雖可從「情」而生，「情」卻不必然會走偏而生「欲」，「情」在一般的情形下仍將導致善的價值觀產生。《樂記》的這種觀點，顯然與荀子以為「情」必然會流於「欲」的觀點是不同的。

其實，《樂記》對「情」的觀點，正是以由「情」而致美善為核心，《樂記》有言：

> 凡音者，生人心者也，情動於中，故形於聲，聲成文，謂之音。故治世之音安以樂，其政和；亂世之音怨以怒，其政乖；亡國之

---

84 《禮記》（臺北：藝文印書館十三經注疏版，1956），第十九，〈樂記〉，頁681-682。

音哀以思，其民困。聲音之道，與政通矣。**85**

　　如是，「情動於中」即是人與外間事物互動時，起碼要具備者，由此而可導致政和之治世，亦可流於政乖之亂世，甚至亡國民困。因此這整段話乃在警示著，要小心注意「情」之所發，或更可以「情」為檢核一個人如何處事的根本標準。《樂記》尚有另一段話，闡揚由「情」而致美善之教化：

　　樂也者，聖人之所樂也，而可以善民心，其感人深，其移風易俗，故先王著其教焉……是故先王本之情性，稽之度數，制之禮義，合生氣之和，道五常之行，使之陽而不散，陰而不密，剛氣不怒，柔氣不懾，四暢交於中，而發作於外，皆安其位而不相奪也。**86**

　　藉著「情」之「感」人至深，而使人移風易俗，剛柔交融，發於外的言行皆適宜而無衝突者，這就是「情」所能導致的最高境界。
　　由上述可見，《樂記》關於「情」的觀點，正呼應了初期儒家之孔子、《中庸》、《郭店楚簡》等之觀點，而非孟子、荀子等之「性善」、「性惡」觀。《樂記》中對於「情」的重視與闡揚，只有在初期儒家的思惟中才看得到。特別是《樂記》中以「情」來「感」人的觀點，更可見與《郭店楚簡》中所闡述「見外之情」、「德」與「善」、及「感」的機制相通。據此，《樂記》的著述年代，庶幾可

85 《禮記》（臺北：藝文印書館十三經注疏版，1956），第十九，〈樂記〉，頁663。
86 《禮記》（臺北：藝文印書館十三經注疏版，1956），第十九，〈樂記〉，頁678-680。

斷定爲與《郭店楚簡》約爲同時了。在前一章中，曾列出《樂記》與《荀子樂論》之文獻比對，經過本章的討論後可知，《樂記》中「禮樂之說，管乎人情矣」，對人情的強調，正應和了初期儒家的思想，而《荀子樂論》中「禮樂之統，管乎人心矣」，以「人心」代「人情」，確實是戰國中葉後，荀孟學說的特色。

總而言之，從先秦相關文獻的比對，及「性」、「情」等關鍵思想發展脈絡的考察，可見《樂記》雖闡揚由「情」而致美善，但尚非如孟子般主張「性善」。《樂記》雖以爲「情」或可能走偏了而成爲「欲」，但尚非如荀子般主張「性惡」。《樂記》所談的「禮樂」，乃來自於自然及人情，而非律法，其功能，爲教化五倫，而非爲統治者進行征誅揖讓。當禮樂失節時，《樂記》主張回歸情之所本，檢視情之所發是否合於中和，而非以理智相節制。這些思想上的考察，都證明了《樂記》不是戰國中末葉、孟荀以後的撰述，亦非秦漢以後的撰述，而必爲更早年代的文獻。更精確的考證，乃透過《樂記》與《郭店楚簡》的比對而發現，《樂記》的思想應是約與《郭店楚簡》同一個時期，屬於初期儒家的孔門第三代左右。或許《樂記》就是所有被比對過的相關文獻所俱有的核心文案之文本由來，沒有比《樂記》更早的文獻。當然，《樂記》在傳承的過程中，文字可能已經被更動過，段落也可能被混淆過，[87]但是，《樂記》的思想，仍保有一定的內在完整性及清晰理路，這是沒有被纂改掩飾掉的，而由之判斷其與時代的關聯，應是可以釐清一些爭議的。

---

87 例如傅斯年即指出，《樂記》中曾提及「食三老五更於太學」，其中「三老五更」之辭或爲漢時之用語，「太學」乃爲漢時京師大學之稱，因此這句話當是漢儒所加。見傅斯年，《詩經講義稿箋注》（北京：當代世界出版社，2009），頁58。

　　以下即將本章中所論關於「情」與「性」的思惟脈絡，自孔子、《中庸》、《樂記》、《郭店楚簡》、至孟子與荀子，做成圖表以觀，如此可以清楚看出《樂記》在此思惟脈絡中所具有之定位與前後思想之關係。

表一：諸文獻中關於「性」與「情」之定義與闡述重點

	性	情	道
孔子	性相近 性已不僅為生之義，尚指涉價值觀 性＝情？	重視情 必也狂狷乎	性／情－（自省）－道
《中庸》	率性＝致中和＝致中庸 性＝情？	重視情 情＝喜怒哀樂之發 情為天地位焉、萬物育焉之本	致中和＝達道
《樂記》	人生而靜 性≠情	重視情（情動於中） 情＝喜怒哀樂敬愛 情≠欲	性／情－（反躬／反情以和其志）－道 欲＝失天理＝失道
《郭店楚簡》	性＝氣（喜怒哀悲） 性＝好惡、善不善、喜怒哀悲等等 性＝情（情生於性） 性≠情（性一也／用心各異）	重視情 情＝見外之喜怒哀悲 禮生於情 情貴真誠（凡人偽為可惡也）	道始於情 性／情－（教化）－道 以人為的道義來匡正失常之性情
孟子	性善 性＝仁（情）	不重視情 （情的定義已變） 以仁釋情	性＝道＝善
荀子	性惡 性＝情＝欲	不重視情 （情的定義已變） 情＝欲	性≠道 以人為的道義來匡正惡欲之性情

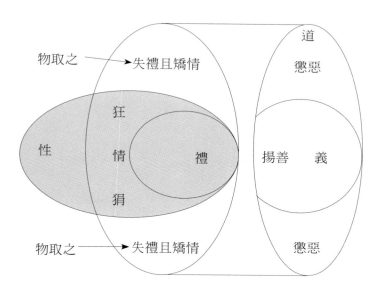

圖一：《郭店楚簡》之思惟

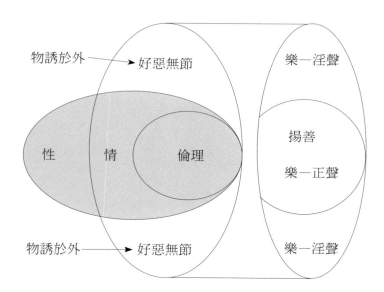

圖二：《樂記》之思惟

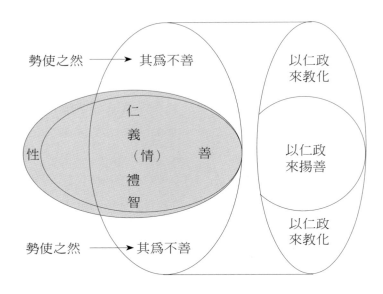

圖三：孟子之思惟

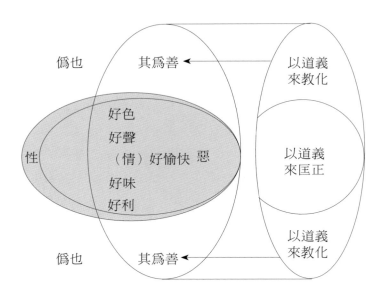

圖四：荀子之思惟

第四章　《樂記》中所現之舞蹈哲學

　　既考證過《樂記》的撰述年代及思想特色，現在乃可對其進行更有系統的思想分析與闡釋。在本文中，焦點將放在剖析《樂記》中與舞蹈相關的思想。爲此，適當的文獻可以用來與《樂記》作經文互訓。這些文獻之所以合適，即以其與《樂記》的時代背景相同，且屬於同一個思想脈絡的發展階段。因此，這些文獻乃包括《論語》、《大學》、《中庸》及《郭店楚簡》的〈性自命出〉及〈禮生於情〉兩篇。

第一節　舞蹈的本質

　　凡音之起，由人心生也。人心之動，物使之然也。感於物而動，故形於聲。聲相應。故生變；變成方，謂之音。比音而樂之，及干戚羽旄，謂之樂。[1]

　　這一段話，可說是《樂記》對「樂」所做的最精要之總述。「樂」在古代乃是詩文、音樂、舞蹈、戲劇等等之總名，如《史記‧樂書》開頭張守節〈正義〉對「樂」的訓注：「天有日月星辰，地有山陵河海，歲有萬物成熟，國有聖賢宮觀周域官僚，人有言語衣服體貌端脩，咸謂之樂」。[2]「樂」既是如此廣博之活動及事物之總名，那麼「樂」是如何開始的呢？

　　樂舞的活動，總是圍繞著一個核心因素而發，這個核心因素，即可謂「樂」之根本或本質，無此則舞蹈活動徒具形式而失內涵，有如「禮」之徒具虛文而不能「反情以和其志」一般。這個核心，依據《樂記》，乃為「凡音之起，由人心生也。人心之動，物使之然也。感於物而動，故形於聲」，簡言之，即是「心感物」。

　　「心」之意涵，依初期儒家及荀孟後的思想脈絡，可訓詁為「對外間事物有所感知的主體」，而「物」同樣依時代背景訓詁，則為「外間事物之通稱」，包括生存環境中的人與物、人情世故、天災等等。特別值得強調的，是「感」這個字。「感」是「人心之動，物使之然也」，而〈性自命出〉對人心如何受物影響而可動，有更細的闡述：

1　《禮記》（臺北：藝文印書館十三經注疏版，1956），第十九，〈樂記〉，頁662。
2　《史記》（臺北：商務印書館百衲本，1981），史記二十四，〈樂書〉，頁361。

　　凡人雖有性，心亡（無）定志，待物而後作……或動之，或逢之，或交之，或屬之，或出之，或養之，或長之。動性者，物也；逢性者，悅也；交性者，故也；屬性者，義也；出性者，勢也；養性者，習也；長性者，道也。凡見者之謂物，快於己者之謂悅，物之勢者之謂勢，有為也者之謂故。義也者，群善之蕝也。習也者，有以習其性也。道者，群物之道。**3**

　　如此，可讓心動的緣由包括有感官知覺（物）、感情（悅）、對事態的感知（勢）、因果的促使（故）、對事物價值的體認（義）、乃至經教養學習而得之習性（習）、及對萬物事理的體悟（道）。合而言之，這些所「感」，可見皆非一般所說的思考，而是在「思」之前，人經由不同管道對於環境事物的感知或直觀。

　　據此，「樂」是人與週遭環境互動，所產生的體觸之表現。沒有互動與體觸，則沒有樂舞。而且此體觸，既不是一種純粹的感情，也不是一種思想，而是一種事物存在樣態及價值的感知。

3　涂宗流、劉祖信，《郭店楚簡先秦儒家佚書校釋》（臺北：萬卷樓圖書，2001），頁144,150,151。

第二節　舞蹈的形式

　　將感知所得之體觸形於外，故「形於聲」，此「聲」即如「樂」，可說是各種表現形式之代稱。那麼「聲」是什麼樣子呢？《樂記》首段有言：「聲相應。故生變；變成方，謂之音」，基於對外間事物互動之不同，「聲」即有不同的變化，此不同或可歸納出不同的條理（即「方」），於是成為初具結構的「音」。「比音而樂之，及干戚羽旄，謂之樂」，再將「音」編排起來，加上如干戚或羽旄等之服裝道具，即成為「樂」。而《樂記》中除了提出服裝道具之外，還提到其他融入樂舞的事物，「故鐘鼓管磬，羽籥干戚，樂之器也。屈伸俯仰，綴兆舒疾，樂之文也」，[4]可知樂舞中，尚有樂器的演奏，及身體的動作。綜合來說，舞蹈的形式，即是由身體對外間事物之各種反應，發展出身體動作，配合音樂，加上服裝道具，經整體編排而得。「聲」、「音」、「樂」，可說是越來越有組織編排的形式。

　　而在「聲」、「音」到「樂」之形式發展中，有一種形式，在舞蹈裡被當做是基本的編排單位，此編排單位，或類似於今日所說的舞蹈元素，而在《樂記》中，被稱為「象」：「夫樂者，象成者也」。[5]「象」之意，可依與《樂記》約為同時期、甚或更早的《象傳》來訓詁。[6]《象傳》為對《易經》之注疏，其內容分兩類，一

4　《禮記》（臺北：藝文印書館十三經注疏版，1956），第十九，〈樂記〉，頁669。
5　《禮記》（臺北：藝文印書館十三經注疏版，1956），第十九，〈樂記〉，頁695。
6　《象傳》據《史記・孔子世家》所言，為孔子所作。亦有後世學者以為乃是戰國時期的儒家弟子，記錄孔門討論易經之卦爻義理，而後編述而成之書。然而，不論《象傳》是孔子或戰國儒者所撰，其據以編述之文本，或早已存在於西周末或春秋初葉，《左傳・昭公二年》記載：韓宣子讀到魯國太史所提供的易學著作《易象》與《魯春秋》，感慨地說：「吾乃今知周公之德與周之所以王也」，可見在春秋時代或已有《易象》存在了。

是以一卦大象推衍道德意義，故此部分又被稱爲《大象傳》，另一是取爻辭闡述義理的，又稱《小象傳》。據此，「象」不只是象徵著自然現象與態勢，同時也涉及其中的道德義理。另外，同爲解釋《易經》，約是戰國時期儒家編述的《繫辭》也提到：「象也者，像也」，[7]對比於《象傳》，「像」當不只是僅模仿事物外形而已，要「像」一件事物，還需得掌握其本質。

　　回觀《樂記》，在文中所提出的樂舞中所呈現「象」之例，是合於上述之訓詁的。如《樂記》中討論到以周武王伐商紂爲題材的「大武」，說其「象」爲「總干而山立，武王之事也。發揚蹈厲，大公之志也。武亂皆坐，周召之治也」，[8]既描繪出武王、諸侯大公、及周公召公等備戰的景觀，也呈顯出武王的氣概、諸侯的振奮、周公召公的沈穩。《論語・八佾》中孔子對「大韶」與「大武」的評述，「子謂韶：盡美矣，又盡善也。謂武：盡美矣，未盡善也」，[9]亦可見其觀點，同樣認爲樂舞之「象」，需有外貌，更需有本質內涵。

　　值得特別提出來的是，樂舞的形式，必須以樂舞的本質爲根基；樂舞之「象」，必須出於「心感物」。這是《樂記》替中國舞蹈所立下的傳統規模。然而，熟悉西方哲學的人，或許會注意到，西方現代語言學的創始者索緒爾，曾表示語言學的基礎乃出於一個觀點，即是聲音的差異才是清楚思想概念之所始，在聲音與概念之前的感官知覺及直觀，皆不可信而不可知。若此，等於是把《樂記》中「凡音之起，由人心生也。人心之動，物使之然也。感於物而動，故

7　屈萬里，《周易集釋初稿》，〈繫辭下傳〉，收入《讀易三種》（臺北：聯經出版社，1984），頁424。
8　《禮記》（臺北：藝文印書館十三經注疏版，1956），第十九，〈樂記〉，頁695。
9　《論語》（臺北：藝文印書館四書集註版，2007），〈八佾〉，頁166。

形於聲」否定掉了，而語言學的理論，可說只從「聲相應。故生變；變成方，謂之音」開始。比較起來，索緒爾語言學所反映的，是西方理性主義傳統下，對條理（即「方」）的重視，及對理性思考（即「思」）的倚賴，相對的，《樂記》中以「心感物」來開宗明義，則彰顯中國哲學對感知的重視，及將知識基礎置於「感」之方法上。

第三節　舞蹈的感情

　　雖然「樂」乃以「象」來呈顯人之體觸，非特爲表露感情，但是
感情在「樂」中仍是很重要的。《樂記》中有言：「凡音者，生人心
者也。情動於中，故形於聲。聲成文，謂之音」，[10]可見「心感物」
在外的情狀爲「象」，在內之徵召則爲「情」。而由於《樂記》是初
期儒家之文獻，因此在「情」上，《樂記》首先將之與「性」分開。

　　是故其哀心感者，其聲噍以殺；其樂心感者，其聲嘽以緩；其喜
　　心感者，其聲發以散；其怒心感者，其聲粗以厲；其敬心感者，其聲
　　直以廉；其愛心感者，其聲和以柔。六者，非性也。[11]

　　如同在上一章中分析過的，初期儒家對「性」的觀點，乃以其
爲人所共有之本能或能耐，而「情」者，由心而發，與環境互動，可
以有許多不同面向的反應，非一定善或惡。基於此，《樂記》中對
「情」之發於內，即提醒要「感於物而后動。是故先王慎所以感之
者」，對自己的志向及情感都要小心反省。

　　如何小心反省呢？《樂記》中言「反情以和其志，比類以成其
行」，[12]意思是要回歸本心，釐清最原初的觸動是怎樣發生的，換
言之，「情動於中」，尚須有一定的成熟度，既要出於眞誠，又要
發之中和。於此義，《中庸》有更精細的闡述，而可與《樂記》互
訓：「喜怒哀樂之未發，謂之中。發而皆中節，謂之和。中也者，
天下之大本也。和也者，天下之達道也。致中和，天地位焉，萬物

10　《禮記》（臺北：藝文印書館十三經注疏版，1956），第十九，〈樂記〉，頁663。
11　《禮記》（臺北：藝文印書館十三經注疏版，1956），第十九，〈樂記〉，頁663。
12　《禮記》（臺北：藝文印書館十三經注疏版，1956），第十九，〈樂記〉，頁681。

育焉」。**13**於此,「中節」之義,不是受到節制,而是對於事物的情感,沒有過度誇大或壓抑之過與不及處。《中庸》另有言:「君子而時中」,**14**說明君子可因其心中有眞實之感觸,有德義,故能時時都和於中庸。由此,在樂舞中的情感,理想的狀態即是「致中和」。

　　審視《樂記》及初期儒家思想,值得強調的是,「致中和」之重要者,當在於由「中」開始去「感」的那一刻,即是由靜態轉變爲動勢之始。《中庸》以「誠」爲此刻之方法與態度上的訣竅:

　　誠者,自成也。而道自道(導)也。誠者,物之終始;不誠,無物。是故君子誠之為貴。誠者,非自成己而已也,所以成物也。成己,仁也;成物,知也。性之德也。合外內之道也。故時措之宜也。**15**

　　只要心「誠」,即能使所「感」之「情」得以「中和」(即「成己」),並使所得之「象」得以兼俱形與義(即「成物」)。然而,若不能合於中和,那麼就表有特定的問題需要注意。《樂記》提出的首要問題,即是「欲」。

　　人生而靜,天之性也;惑於物而動,性之欲也。物至知知,然後好惡形焉。好惡無節於內,知誘於外,不能反躬,天理滅矣。夫物之感人無窮,而人之好惡無節,則是物至而人化物也。人化物也者,滅

13　《中庸》(臺北:藝文印書館四書集註版,2007),頁47-48。
14　《中庸》(臺北:藝文印書館四書集註版,2007),頁50。
15　《中庸》(臺北:藝文印書館四書集註版,2007),頁88-89。

天理而窮人欲者也。於是有悖逆詐偽之心，有淫泆作亂之事。是故，強者脅弱，眾者暴寡，知者詐愚，勇者苦怯，疾病不養，老幼孤獨不得其所，此大亂之道也。[16]

　　感情若是太過放縱，產生了過與不及的現象，「好惡無節於內」，又不能「反躬」，即做到「反情以和其志」，釐清感情之所由，那麼將會使人的行為，反而失去了義理，「天理滅矣」。反映在樂舞上，《樂記》即以相對於「古樂」之「新樂」為例，說其為「溺音」：「今夫新樂，進俯退俯，姦聲以濫，溺而不止，及優侏儒，獋雜子女，不知父子。樂終不可以語，不以道古。此新樂之發也」。另外，《樂記》也提到，「鄭音好濫淫志，宋音燕女溺志，衛音趨數煩志，齊音敖辟喬志」，這些都是樂舞中之情感有所過與不及之例。[17]

　　過與不及雖然不甚理想，然而《論語》與〈性自命出〉中關於「情」的一個觀點，或可為《樂記》重視「致中和」之一個註腳。在上一章中已透過《論語》中「父偷羊而子告之」的事例，來闡明初期儒家對真實感情的重視，寧可狂（過）狷（不及），而不要沒有感情為基礎的空泛形式。〈性自命出〉中亦言：「凡人情為可兌（悅）也。苟以其情，雖過不惡。不以其情，雖難不貴。苟有其情，雖未之為，斯人信之矣」。[18]由此可見，「情」之真實而發，可以做為衡量「樂」之本質與形式是否實在的首要標準。一支舞蹈若不能動人，則

16　《禮記》（臺北：藝文印書館十三經注疏版，1956），第十九，〈樂記〉，頁666。
17　《禮記》（臺北：藝文印書館十三經注疏版，1956），第十九，〈樂記〉，頁691-692。
18　涂宗流、劉祖信，《郭店楚簡先秦儒家佚書校釋》（臺北：萬卷樓圖書，2001），頁175。

必然有其本質或形式處理上的問題需要檢討。

　　值得一提的是，這裡也存有兩個中西哲學觀點的差異。其一、西方現代舞自瑪莎葛蘭姆以來，常將舞蹈定義爲一種表達情感的形式，或是在六零年代以後，將舞蹈簡約爲純抽象的點線面動作。似乎感情與抽象形式，在西方成爲舞蹈之首要考量與目標。然而，在中國舞蹈中，《樂記》於二千年前即昭示，舞蹈之抽象形式如無情感爲根源，則成虛文；而感情如只求表達宣洩，則成溺音。情感流露只是舞蹈的次要目標。舞蹈的首要考量，乃在如何能以「誠」將所有從靜態到動勢的活動一以貫之——以「性」所展示之人的身心條件及能耐爲基，透過「心感物」而「致中和」，進一步形於外而「象成矣」。而舞蹈的首要目標，則爲呈顯人對環境事物的體觸——即天地人的理想關係與價值。

　　其二、《樂記》中所言「好惡無節」、「滅天理而窮人欲」，會造成暴亂。然而，西方哲學中，自柏拉圖以來的傳統，即可說是在求如何「遂行人欲以制天理」。蓋西方學者視透過感官知覺與「心」所得之感知及直觀爲如洞穴陰影幻覺（此即柏拉圖之「洞穴喻」），因此「天理」玄秘而不可言，甚而有誤；而理性則是人瞭解世界的最好工具，當以之來去除幻影，建構出人的世界。而「人欲」雖在柏拉圖時，被依附於感官知覺而加以輕視，但到近代，「人欲」被如盧梭、孟德斯鳩等啓蒙運動哲士界定爲人之意志（will），同時稍早，法王路易十四在西方歷史上首次建構出民族國家（national state），提出「我即國家」（I am the State）的名言，此後「人欲」或「意志」即演變爲今日所稱之「主權」。據此，「天理」對中國哲學而言不可滅，而對西方哲學而言則必制之；「人欲」對中國哲學而言爲人性弱點，須善導之，而對西方哲學而言則爲社會之根基，須申張之。中西哲學之異，由《樂記》中亦可見矣。

第四節　舞蹈的主旨與題材

　　舞蹈的主旨，故然會因為選擇不同的編舞題材，而有所不同。而題材之來源，亦是如生活事物般廣泛，那麼這些不同的題材與主旨，有沒有一個總體的傾向或特色可言呢？《樂記》歸納，「樂」者，即是為表彰倫理：

> 凡音者，生於人心者也；樂者，通倫理者也。是故，知聲而不知音者，禽獸是也；知音而不知樂者，眾庶是也。唯君子為能知樂。是故，審聲以知音，審音以知樂，審樂以知政，而治道備矣。是故，不知聲者不可與言音，不知音者不可與言樂。知樂，則幾於禮矣。禮樂皆得，謂之有德。德者得也。[19]

　　如此，舞蹈對於先秦君子而言，不論其所取材者為何，總是不離倫理這個大範疇。而且，透過樂舞以「象」人情世故，若所涉題材愈不同，則顯示人生經歷愈豐富，對「德」之體會愈完備。中國傳統哲學、史學、文學、藝術中富含人文精神，總是以人為關切的核心，探討與人有關的生命價值，及與生活有關的智慧，可說是其來有自，在《樂記》中已然標舉出這樣的研究方向與特色。

　　而「德者得也」，其最高境界，即「德」之完備與「得」之總結，會是什麼樣的呢？《大學》、《中庸》、〈性自命出〉的義理，可以與《樂記》互訓。《中庸》對於「中和」的闡述，不只是強調「情」的重要性及理想狀態，更蘊涵了一個理想的世界觀於其中。「中也者，天下之大本也。和也者，天下之達道也。致中和，天地位

---

19 《禮記》（臺北：藝文印書館十三經注疏版，1956），第十九，〈樂記〉，頁665。

焉，萬物育焉」，如果能發之中和，則所識得之世界，都將在對的位置上，沒有事物被扭曲、遮掩，並都能順著理想的管道成長發展。這樣一個世界，不即是理想的世界樣態嗎？而乃可藉由人的感知，發之中和而得。

　　進一步來說，個人發之中和的感知，並可以與他人的感知相通，這即是「教」。此中實含有一理想之人生觀。《中庸》所說「自誠明，謂之性」、「率性之謂道」，即是指自我修行，從心誠做起而悟道。[20]而「自明誠，謂之教」、「修道之謂教」，則是教學相長的學習了，由增廣閱歷、剖析彰明人情世故之德，而回歸到無私之「誠」。[21]然而，不論「自誠明」還是「自明誠」，人世之德與人心之誠最後總都會完成的，此即「誠則明矣，明則誠矣」。[22]

　　若說「自明誠」、「修道」是一種明心見性的學習，那麼該用什麼方式來進行呢？〈性自命出〉：「道始於情，情生於性」，[23]表明修道可以從釐清感情與感知做起，時刻檢視自己是否發之中和。此外，還可以從別人處習得自己不曾體會過的心得，因為一個人不可能遍歷所有事，每個人的歷程必然不同，若能藉著他人經歷來充實自己，則有若人與人相融合，而成就一個更廣博完備的「大我」。另外，《大學》亦提出：「知止而后有定，定而后能靜，靜而后能安，安而后能慮，慮而后能得」。[24]「止」、「定」、「靜」的功夫，要求人懂得活於當下（止），並有感知的焦點（定），然後秉除雜念

20 宋明理學中，以「自誠明」為本，則發展出陸九淵、王陽明的心學。
21 宋明理學中，以「自明誠」為本，則發展出朱熹、程顥、程頤的理學。
22 《中庸》（臺北：藝文印書館四書集註版，2007），頁85。
23 涂宗流、劉祖信，《郭店楚簡先秦儒家佚書校釋》（臺北：萬卷樓圖書，2001），頁144。
24 《大學》（臺北：藝文印書館四書集註版，2007），頁8。

（靜），比較起來，即有如「誠」的功夫，爲「心感物」預做準備。
而「安」、「慮」、「得」則要人注意不要燥進（安），並從不同角
度考量或多方採集意見（慮），才能對事物有所體觸（德），產生心
得（得），即有如「致中和」的功夫，而達成如「自明誠」般與「大
我」融合的境界。

　　由上述的討論，可知其實「自誠明」與「自明誠」乃爲互補的兩
種管道，不可偏廢。而由「人與人融合以成就大我」或「安慮得的多
元視角」，來重行檢視「天」、「命」、「性」、「心」、「志」、
「氣」、「情」、「道」這一貫的思想體系，更可發現，「天」的概
念，可以從「神秘的宇宙總體」，得到進一步的釐清。馮友蘭《中國
哲學史》已從古文獻中，歸納出「天」的五種不同的指涉意涵：

　　在中國文字中，所謂天有五義：曰物質之天，即與地相對之
天。曰主宰之天，即所謂皇天上帝，有人格的天、帝。曰運命之天，
乃指人生中吾人所無奈何者，如《孟子》所謂『若夫成功則天也』之
天是也。曰自然之天，乃指自然之運行，如《荀子・天運》所說之天
是也。曰義理之天，乃謂宇宙之最高原理，如《中庸》所說『天命之
謂性』之天是也。《詩》、《書》、《左傳》、《國語》中所謂之
天，除指物質之天外，似皆指主宰之天。《論語》中孔子所說之天，
亦皆主宰之天也。**25**

　　這五類，確是古文獻中可能存有之義理。然而，馮友蘭對不同

25 馮友蘭，《中國哲學史》（香港：太平洋圖書公司影印本，1970），頁55。

古文獻中的「天」究屬五類中之何者，可以有重新檢討的空間。若將「天」之五類義理換個角度來看，其實即代表了人的五類生命經驗：對生存空間、神秘現象、人生路程、自然規律、與人情世故的經歷與體觸。又若將這些不同的經歷與體觸總合起來，即是匯整每個人之「中和」，即成「至德」、「大我」。那麼，「至德」、「大我」既囊括「天」的五類經驗義理，不就等同於「天」了嗎？如此，「天」之五類義理，實不能分開來看，而需合在一起訓詁解釋。西周之前，「天」確實比較被用來指稱宇宙神秘的主宰力量。然而到了春秋戰國之際，「天」的涵義已然有了轉變，而成為人世間所有體觸心得之總稱。

「天」的觀點既然已有轉變，「天」、「命」、「性」、「心」、「志」、「氣」、「情」、「道」的思想體系即更明確的擺脫了宗教的色彩，而更成為一種哲學思想，闡釋人對世界的觀點及經驗。而且，這個思想體系不再是一個直線發展的系統——源自一個神秘不可知的神鬼源頭，而變成一個頭尾相接、循環發展的系統——前人在豐富閱歷中所體悟之「道」，成為後人在生存發展時，所需面對與學習的先「天」環境與條件。如此，儒家的這個思想體系，不僅是描繪出一種理想的世界觀與人生觀，也闡述了文化內涵如何可以一代代的發展傳承下去。

基於上面的認識，回到樂舞的議題，乃可更明確的說，舞蹈之彰顯倫理，在於其表現了人在一種健康狀態下的身心樣態，及理想狀態下身心與環境互動所得的智慧。簡言之，舞蹈是一種理想的呈顯。

以下的表格，即將各文獻中，可以互訓之義理及關鍵詞，做一對照整理。

表二：各文獻關於關鍵詞之界定對照表

文獻名稱	天、命、性	心、志、氣、情	道
《樂記》	心感物	情動於中	形於聲
			象成矣
			德、倫理
			樂、禮
《中庸》	誠	成己	成物
	中	和	（天）
		喜怒哀樂敬愛（六情）	天地位焉萬物育焉
	自誠明	自明誠	（大我）
《大學》	止定靜	安慮	得
《郭店楚簡》	性自命出命自天降	情生於性	道始於情禮生於情

第五節　舞蹈的功能

　　舞蹈在遠古的源起，雖然與敬畏鬼神與自然力量之宗教祭儀有關，然而到了春秋時代，從前面所有的討論可知，舞蹈即已成爲一種理想，而非娛樂或禮儀，是「感知性」的，而非「情緒性」或「思考性」的。舞蹈做爲一種理想，最主要的功能，即爲修身養性，其次爲移風易俗，建構新的生活習性，三爲娛樂、藝術、健身、祭祀。而後，直到戰國時代，才被拿來當成規範秩序的治術工具，即儀禮。誠然，西周時周公有制禮作樂之說，但考之史實書冊，對周之讚述，並非闡揚其如戰國時代的法家治術手腕，而是欣賞其德治──治民之德行及對天、地、人之關係義理分析。周公之禮樂實不可與戰國時之禮法相混淆。

　　在《樂記》中，對於舞蹈的理想性，及其發展出來的功能，有許多描寫。首先，關於修身養性，《樂記》述說樂舞中之舉止動靜，皆爲德之象：

　　凡姦聲感人，而逆氣應之，逆氣成象，而淫樂興焉。正聲感人，而順氣應之，順氣成象，而和樂興焉。倡和有應，回邪曲直，各歸其分，而萬物之理，各以類相動也。**26**

　　因此，透過表演樂舞，即是學習其中的中和之情與天地之人倫義理。

　　然後發以聲音，而文以琴瑟，動以干戚，飾以羽旄，從以簫

---

26 《禮記》（臺北：藝文印書館十三經注疏版，1956），第十九，〈樂記〉，頁681。

管。奮至德之光，動四氣之和，以著萬物之理。是故清明象天，廣大象地，終始象四時，周還象風雨。五色成文而不亂，八風從律而不姦，百度得數而有常，小大相成，終始相生。倡和清濁，迭相為經。故樂行而倫清，耳目聰明，血氣和平，移風易俗，天下皆寧。[27]

　　而親身從事樂舞，其效不只是自己的容貌行止改變了，與親友鄰族的關係也因而改變。

　　是故樂在宗廟之中，君臣上下同聽之則莫不和敬；在族長鄉里之中，長幼同聽之則莫不和順；在閨門之內，父子兄弟同聽之則莫不和親。故樂者，審一以定和，比物以飾節；節奏合以成文。所以合和父子君臣，附親萬民也，是先王立樂之方也。故聽其雅頌之聲，志意得廣焉；執其干戚，習其俯仰詘伸，容貌得莊焉；行其綴兆，要其節奏，行列得正焉，進退得齊焉。[28]

　　《樂記》中也有許多闡述禮樂如何配合的文句。其義，皆可與周公之德治相應和，並可見與戰國時法家講求的禮治有所不同，非將樂當成是規範社會秩序的工具（見第二節），而仍從「心感物」、「禮生於情」上來立論。以下將《樂記》中，比較樂與禮異同，及其相輔相成的語句，舉例摘要條列：[29]

27　《禮記》（臺北：藝文印書館十三經注疏版，1956），第十九，〈樂記〉，頁681-682。
28　《禮記》（臺北：藝文印書館十三經注疏版，1956），第十九，〈樂記〉，頁700。
29　《禮記》（臺北：藝文印書館十三經注疏版，1956），第十九，〈樂記〉。

樂由中出，禮自外作。樂由中出故靜，禮自外作故文。大樂必易，大禮必簡。樂至則無怨，禮至則不爭。

大樂與天地同和，大禮與天地同節。

禮者殊事合敬者也，樂者異文合愛者也。禮樂之情同，故明王以相沿也。

天高地下，萬物散殊，而禮制行矣。流而不息，合同而化，而樂興焉。春作夏長，仁也；秋斂冬藏，義也。仁近於樂，義近於禮。樂者敦和，率神而從天，禮者別宜，居鬼而從地。故聖人作樂以應天，制禮以配地。禮樂明備，天地官矣。

樂著大始，而禮居成物。

樂者所以象德也，禮者所以綴淫也。

樂也者施也，禮也者報也。樂，樂其所自生，而禮反其所自始。樂章德，禮報情反始也。

樂也者，情之不可變者也。禮也者，理之不可易者也。樂統同，禮辨異，禮樂之說，管乎人情矣。

窮本知變，樂之情也；著誠去偽，禮之經也。

樂也者，動於內者也；禮也者，動於外者也。故禮主其減，樂主其盈。禮減而進，以進為文；樂盈而反，以反為文。禮減而不進則銷，樂盈而不反則放。故禮有報而樂有反。禮得其報則樂，樂得其反則安；禮之報，樂之反，其義一也。

從這些話中，可見《樂記》所彰顯的樂與禮，乃是初期儒家之觀點，以情為本，以禮為輔。然而，這一點，在現代學者中，常因只見戰國時期如荀子韓非等人的禮法論述，而誤以為儒家的禮樂觀乃皆為首重禮而次重樂，而不知儒家思想有初期、中期及後世不斷發展衍

化之別。例如朱自清在《經典常談》中，即本於戰國時期《荀子樂論》，而泛論禮樂：「從來禮樂並稱，但樂實在是禮的一部分；樂附屬於禮，用來補助儀文的不足」，甚至說：「古代似乎沒有關於樂的經典」，[30]其謬矣！相對於朱自清，徐復觀《中國藝術精神》在這問題上，則有正確的分析。徐復觀首言：

中國古代的文化，常將禮樂並稱。但甲骨文中，沒有正式出現禮字。以『豐』為古『禮』字的說法，不一定能成立。但甲骨文中，已不只一處出現了樂字。這已充分說明樂比禮出現得更早。[31]

依此，徐復觀論述西周的禮樂教化及孔子的禮樂思想：

通過西周的文獻乃至追述西周情形的資料來看，禮在人生教育中所佔的分量，決不能與樂所佔的分量相比擬……從《論語》看，孔子對於音樂的重視，可以說遠出於後世尊崇他的人們的想像之上；這一方面是來自他對古代樂教的傳承，一方面是來自他對於樂的藝術精神的新發現。[32]

如此，釐清了初期儒家，對「樂」的重視，當在「禮」之上；在修身的順序上，「樂」當在「禮」之前。〈性自命出〉中的一句話，「始者近情，終者近義」，[33]正可一針見血的點出在初期儒家及《樂

---

30 朱自清，《經典常談》（臺北：志文出版社，1983），頁53-54。
31 徐復觀，《中國藝術精神》（臺北：學生書局，1966），頁1。
32 徐復觀，《中國藝術精神》（臺北：學生書局，1966），頁3,5。
33 涂宗流、劉祖信，《郭店楚簡先秦儒家佚書校釋》（臺北：萬卷樓圖書，2001），頁144。

記》中，對樂與禮如何相配合的觀點。

　　樂舞的功能，從春秋時代始，圍繞著修身治國、修己安人這個核心理想，乃再漸漸分殊化，而於教育、治療、娛樂、藝術、祭祀、禮儀等之多元領域中，亦展現出其功效及貢獻來。

第五章　《樂記》對舞蹈理論與實務發展之啟發

　　在本書中，爲探討《樂記》中所現之舞蹈哲學，首先對《樂記》的著作年代進行考證。爲此，本書重新檢討了傳統辨僞、校勘、訓詁、考據學之法。其中，比對志書及文獻引文之法，常爲以往學者所用，然而，由此卻無法眞的有效回答　《樂記》的年代問題。因此，本書特別從傳統四學中，匯整出比對思想的考證法，一方面分析《樂記》的思想特質，另方面辯證出《樂記》思想所應對的時代背景。

　　由此，《樂記》的思想，殆可確定屬於初期儒家的觀點。《樂記》的著述年代，應約爲春秋末葉與戰國時期相交之際，而非爲西漢。《樂記》不一定是公孫尼子所撰，也可能是由數位儒家弟子合撰。《樂記》之章句段落，有一些成爲先秦至漢季古文獻所援以編述的原始核心文案，而《樂記》本身，在流傳的過程中，因傳抄者之記憶、理解、甚至筆誤，或許文句已非最初之原型，正文混合了註釋，段落也有所錯置。然而，其思想仍具有內在的統一性。如此才能鑑別出其與時代背景之關聯。

　　《樂記》中所蘊涵的舞蹈哲學，可見已經將先秦以來的身體經驗，彙整得相當周詳，包括有舞蹈的本質、形式、情感、主旨、題材、功能等，因此，《樂記》可說是中國舞蹈史上，首篇完備的舞蹈理論著述。其爲中國舞蹈的發展所做的貢獻，及所立下的規模與傳統，約可歸納爲以下數點：

第一節　對感知的重視

　　《樂記》闡明「心感物」為舞蹈不可或缺的本質要件。而「感」即是感知或直觀，不是思考。這標明了中西文化思維於根本上的差異，並應和著中國學術的研究方法基礎。[1]

　　由於「心感物」所涉，乃是一個能有所「感」的主體，且此主體之「心」、「志」、「氣」、「情」要能一貫相承，以使所感與行為實踐融合為一，因此，從「心感物」延伸而出的，即是主體經驗的研究，包括對身體經驗的分析，及身心和合的闡述。比較起來，西方學術受柏拉圖理性主義傳統的限制，輕視身體經驗，而以其主觀為不可信，乃使身心經驗分離，直到二十世紀後半葉才有身心學（psycho-somatics）的發展，及呼籲重新審視身體的存在與經驗。西方缺乏主體經驗研究法，而中國卻早於二千多年前，即已有完備之論述，及其後於中國學術中的研究成果可供參考。

　　「心感物」本身，也成為中國學術研究的一個核心議題。如何感知，在各家學說中，皆有所論述。例如除了儒家之「自誠明」外，莊子也提出「心齋」、「坐忘」，佛家提出「虛靈」、「妙有」，皆是在剖析感知當下的身心狀態。另如墨子所言「接知」、「智知」，及荀子所言「徵知」，則涉及將當下的感知，移置於記憶或想像時的情形。若再與西方相比，對於感知的議題，一直要到二十世紀初，由胡塞爾發展出現象學（phenomenology）之後，才開始有所重視與進行深入分析。

1　中國學術，簡稱國學，據清代姚鼐及曾國藩之界定，包括：義理之學、考據之學、詞章之學、經世之學。

第二節　對人文精神的重視

　　《樂記》說明舞蹈的主旨，不離對倫理的闡揚。舞蹈，乃是在呈顯一種理想的身心狀態，及以此狀態與外間事物互動所得之智慧。這個觀點，即反映出中國學術中，對人文精神的重視，並立下了中國藝術裡，以人物性情爲主要關切議題的傳統。

　　在中國舞蹈史裡，及歷代與樂舞有關的詩詞賦中，都可看見對舞蹈的欣賞與描寫，常常都在表彰人之性情。如傅毅《舞賦》：

　　其始興也，若俯若仰，若來若往。雍容惆悵，不可爲象。其少進也，若翔若行，若竦若傾。兀動赴度，指顧應聲。羅衣從風，長袖交橫。駱驛飛散，颯　撽合並。鶣鷟燕居，拉沓鵠驚。綽約閑靡，機迅體輕。姿絕倫之妙態，懷憑素之絜清。脩儀操以顯志兮，獨馳思乎杳冥。在山峨峨，在水湯湯。與志遷化，容不虛生。明詩表指，嘳息激昂。氣若浮雲，志若秋霜。觀者增歎，諸工莫當。**2**

　　在這首賦中，生動地描繪出盤鼓舞的舞者超群絕倫的體態，玉質冰清的氣質，雍容隱隱又內含惆悵，而透出某種生命情境的情操、節操、及志向。

　　藝術領域外，在中國學術裡，如在中國史學裡，記載人物的善言善行，即爲主要的特色。中國史籍之主要體例「紀傳體」，乃以人物爲主來寫史，二十四史，就是以歷代人物之事蹟行誼爲主軸來寫的歷史。已故的史學大師錢穆曾說，中國歷史精神，首爲富有豐富的內在

2　《昭明文選》（臺北：臺灣古籍出版有限公司，2001），卷十七，〈舞賦〉，頁1010-1022。

道德性，而中國史學研究，即首重人群之修齊治平及人道思想，次要才爲偏屬物理之農醫天文曆數水利工程等等。

如此，自《樂記》始，樂舞與其他領域的中國學術研究，即有密切的關聯與交流存在。而其因，乃是在《樂記》中，已彰明舞蹈的理想性及人文精神，是不可或缺的傳統主旨。

第三節　對意象的重視

　　《樂記》所言「夫樂者，象成者也」，開啓了中國各藝術領域中，對於意象的重視。「象」不只是對外形形似的模仿，更是對內在性格內涵的刻畫，其所呈顯者，即爲事物所帶給人的人生經驗與體觸。

　　關於「象」的相關論述與研究，於《樂記》外，早有《易經》及《易傳》十篇的存在，只是其並非專爲樂舞論說。而與《樂記》同時，還有《老子》也提到「無狀之狀，無物之象，是謂惚恍」、「大象無形，道隱無名」等，[3]對「象」的本質有所論述。《樂記》之後，尚有《莊子》論述「象」之幻化流轉及神韻的美學觀，並以樂匠製作樂器爲喻，寫下了中國第一段關於表演技術的理論。以後，關於意象的使用原則、美學觀、及意象編排法的論述持續不斷，如南朝宋的史家范曄及唐代詩人杜牧，皆闡揚「文以意爲主」的觀點，明代戲曲理論家李漁，著有《閒情偶記》，綜論以意象爲核心的「一人一事」戲曲結構。諸如上述，都是《樂記》在理論方面所開發出來的樂舞研究脈絡，與在實務方面所立下的樂舞傳統。《樂記》開啓了後世對不同舞蹈層面之深入探索。

3　除「大象無形」亦可見於《郭店楚簡》之〈老子〉乙篇外，餘皆見戰國後傳至今之今本《老子》。

第四節　藝術多元發展的共同源頭

　　《樂記》中所論及的諸般樂舞功能，如修身養性、移風易俗、娛樂、藝術、健身、祭祀、教育、治療、禮儀等，在先秦時期皆統合於樂舞的理想性之下，而爲一體。後世因知識越來越專精細緻，以致開始分殊化，成爲不同領域。

　　例如在《呂氏春秋》中，即記述舞蹈健身治療之功，而常爲學者所引用。

　　昔古朱襄氏之治天下也，多風而陽氣畜積，萬物散解，果實不成，故士達作為五弦瑟，以采陰氣，以定群生……昔陶唐氏之始，陰多滯伏而湛積，水道壅塞，不行其原，民氣鬱閼而滯著，筋骨瑟縮不達，故作為舞以宣導之。**4**

　　其中所言舞蹈，一爲治陽疾，一爲治陰疾。另外，《貞觀政要》亦記載：

　　太常少卿祖孝孫奏所定新樂。太宗曰：「禮樂之作，是聖人緣物設教，以為撙節，治政善惡，豈此之由？」御史大夫杜淹對曰：「前代興亡，實由於樂。陳將亡也為《玉樹後庭花》，齊將亡也而為《伴侶曲》，行路聞之，莫不悲泣，所謂亡國之音。以是觀之，實由於樂。」太宗曰：「不然，夫音聲豈能感人？歡者聞之則悅，哀者聽之則悲。悲悅在於人心，非由樂也。將亡之政，其人心苦，然苦心相感，故聞之則悲耳。何樂聲哀怨，能使悅者悲乎？今《玉樹》、《伴

4　《呂氏春秋》（臺北：藝文印書館，1974），卷五，〈古樂〉，頁127-128。

侶》之曲，其聲具存，朕能為公奏之，知公必不悲耳。」尚書右丞魏
徵進曰：「古人稱：禮云，禮云，玉帛云乎哉！樂云，樂云，鐘鼓云
乎哉！樂在人和，不由音調。」太宗然之。[5]

　　太宗之論，並非真的在辯駁「心感物」之所感，是由「心」還是
由「物」，而是藉由「樂在人和，不由音調」，來說明「樂」與人自
身的生命經驗與體觸，有很密切的關聯，是不可分的一體；從而樂教
與修身、治國，皆乃相通。

　　總結上述，《樂記》是中國第一篇完備的舞蹈論述。其所立
者，為樂舞理論與實務之規模與典範，其所開啟者，為樂舞不同層面
的研究議題，及人情世故的探究剖析。論述中國的舞蹈哲學，斯自其
始矣！

5　《貞觀政要》（臺北：三民書局，1995），卷七，〈禮樂第二十九〉，頁436-437。

後記

　　《樂記》中所現的人生觀及樂舞哲學，是我在探視中國舞蹈史時，不可或缺的一個基石，由此乃可知前人透過舞蹈，到底體觸到什麼樣的人生，悟到什麼樣的智慧與生命價值。古代的樂舞多半已不復可見，我們無法從中學到古樂舞的形式或技法，如果我們尚覺得值得去讀古代樂舞發展的歷史，那主要原因或許即在茲。我們讀史的原因，誠為吸取其中的思惟精神、生命價值，以期讓小我的生命更加充實，而得以從小我延展到大我之中。

　　因此，《樂記》的考證與內涵闡述，只是第一步，目前我正在進行的，還有其他時代的樂舞哲學考訂及舞蹈史的文化內涵分析，預計經過數年的累積與檢驗，我將一一再把研究成果分享給大家。

　　在進行這本書的寫作時，我曾在序言中提過我的性格與思惟受到父母的影響很深，而性格乃象徵著一個人將會展開的生命歷程、將會如何的立身行事、及如何的觀看世界，從而也註記著那個時代。《樂記》有言：「樂者，通倫理也」，因此，若我來編舞或立言，那麼基於我的性格背景，或即會呈現出特定的內容。成書之日，也正值我的人生開始邁向另一個階段，因此，或可在此稍對我身邊的家人做些闡述，做為這個研究、我的人生、乃至於這個時代的一個註腳。

　　我的父親廖蒼松，台大政治系畢業，是台視新聞部第一代的記者，從小耳濡目染父親處理事務時之樸實與穩健，在那一個尚未解嚴的時代裡，父親要維護新聞「自由」及報導事實「真相」，殊為不易。我必須到了自己出國念完書又回國任教，才慢慢領略到就中的處世智慧與道德勇氣。沒有學到父親治事的手腕，但父親的平實與不求名利、在歷練中累積生命內涵的智慧，卻給我很大的影響，塑造了

我今天的個性。我的母親張紅鶯，實踐家專家政科畢業，家裡所有的生計都是母親在料理，讓父親可以無後顧之憂的工作，讓我與弟妹可以無憂無慮的快樂成長，這已是人世間最完善的家居與人生境遇了。母親個性亦樸實而善良，外柔內剛，對我一樣有很大的影響。母親雖看似總是配合家人，其實亦有自己的思惟。母親是慈濟委員暨榮譽董事，經常與父親一起做公益活動，並帶領一群學員做中國結藝義賣，於推廣人性之「善」念上不遺餘力。如果我的個性中有一絲可取之處，或生活中有一點兒成就，那都是因為我從小在家裡，就有兩位完美的典範。

為了供應我赴英就讀博士，十年的時光，我把父親自台視退休後所領的千萬退休金全數花完。十年之久，亦不能在父母身旁隨時照料，「父母在，不遠遊」，完全沒有做到。因此現在不敢隨便鼓勵人出國念博士，因為了解，這已不是一個人離鄉背景吃苦讀書而已，而是一家人都跟著縮衣節食，一起辛苦。然而，也正是家人，才會如此無條件的同甘共苦。家人之間的愛，沒有什麼限制或理由，完全超脫了一般事務所依之付出與收穫法則，唯有如此，家人之親情，才是人世間之至寶。我從小到大，原來都是如此幸福的。

現在母親生病，又已住院數月，都是父親每日陪侍在側。而我正值此書修改出版之期，學校教學事務亦繁，雖近每日探視，又不能時時在旁照料，身為人子，實在有愧，但父母卻叮囑好好將該教的課備好教好、將妻女照顧好。連在病榻之側，依然是父母關照我比較多，父母的偉大如是！

我的弟弟廖抱元，從小個性溫和而體貼，母親說，弟弟小時候的某次作文上寫，長大了要像哥哥一樣。但我是一個不及格的哥哥，一直都沒有學會如何照顧弟妹，如何帶著弟妹玩耍與成長，因此聽了母

親的話更覺汗顏。也幸好弟弟長大後一點也不像我。弟弟的性格比我
溫順而持穩，不會衝動行事；事業比我成功，又懂得儲蓄；結婚的時
間正常，現已有二個子女，家庭美滿；經常帶一家人偕同父母出遊，
三代同樂，從不因事業而忽略家庭；又是運動健將，每年都參加三
鐵，身體比我好。當我在英國留學時，父母總是弟弟在照顧。看來我
的弟弟才是哥哥，只是晚些出世而已。

　　我的妹妹廖嬿文，當我赴英讀書時，她也同時赴美，從此即在
美國定居了。妹妹從小就是一個行動力很強的人，大學時自己打工賺
錢，存夠了即去旅行。出國後更得所願，每年得以到全世界各地去探
索旅遊，衝浪、滑雪成了她的固定運動。找工作的條件是：可以晚
起，需要早退，而真的也有這樣的平面設計工作，妹妹也做的非常認
真。妹妹真是新一世代的人，由於妹妹，我們家成了余光中曾說過的
「日不落家」，趕上了世界潮流。

　　我的妻子林心雅，個性亦外柔內剛，平時總是甜美溫柔，但做事
絕不馬虎，因此不但給予我溫暖，全心相信而支持我所做的事，並讓
我沒有後顧之憂的可以去做研究，將家整頓得井然有序。妻子是一位
很傑出的空間設計師，經驗豐富，然而自懷孕生下女兒之後，即先放
下工作，親自照料女兒。我有時教書及寫作忙碌，不能分攤妻子的辛
勞，看著妻子，突然覺得原來如少女般天真燦爛的面容中，多了幾分
做母親的莊嚴神色，心中既感動，又心疼。雖然時光不能永遠停留在
妻子的二十歲，但幸好，從我的眼中，不論妻子多生了幾絲華髮，我
永遠可以看見妻子二十歲的模樣，同樣的率真，同樣的善良，我的永
恆的妻子。

　　謝謝廖予荷願意來到這個人世做我們的女兒。女兒已經七個多月
大了。看著女兒，才讓我更深切的了解到為人父母的心，更直接的從

女兒身上接觸到純淨的赤子之心，反思在我們成長過程中，很容易慢慢淡化了的眞誠，並學習人與人間是如何能夠被互相依靠與信賴。在養育女兒之前，其實反而父母是先被女兒啓發而有所成長了。

　　看著女兒，心中湧起一種親愛之情，突然讓我想到，每一個學生，那一個不也是父母心中的最愛？每個人都被愛著，都有被愛的權利，也都應快樂的成長著。因此我也更深刻的了解爲人師的心。

　　我曾在去年的系展中，寫信給擔任舞者的學生們，分享吾家有女的心情。我說每次看到你們，就想到我的女兒；每次看到女兒，卻又想到你們。看著女兒抱在身上手舞足蹈，「之後更希望女兒能舞動得像你們一樣，活潑、開朗、內斂、沉穩、熱情、聰明、俏皮、伶俐、嬌柔、會遇到挫折、然而勇敢、努力、偶爾偷懶、有人性的弱點，也會成長與進步、有才華與自己的性格，如此去開拓人生。」

　　這即是我的家庭的寫照，也是我的「樂舞」的根基。若干年後，又是一個新的世代成形，在未來的那個世界裡，或許如上的描述，會變得不容易見到了。有如我們在讀上一個世代的生活時，對於與現今生活的差異，總不時有些訝異。因此，在此留下一些印跡，聊做這個時代的見證吧！

參考書目

傳統文獻

《大戴禮記》，收入《叢書集成新編·第三十四冊》，臺北，新文豐出版公司，
　　1985。

《大學》，臺北：藝文印書館四書集註版，2007。

《中庸》，臺北：藝文印書館四書集註版，2007。

《毛詩正義》，臺北：中華書局四部備要本，1936。

《太平御覽》，臺北：大化書局，1977。

《史記》，臺北：商務印書館百衲本，1981。

《老子註》，臺北：藝文印書館，1971。

《呂氏春秋》，臺北：藝文印書館，1974。

《春秋左傳會注》，高雄：復文圖書出版社，1986。

《春秋左傳今註今譯》，臺北：商務印書館，2009。

《貞觀政要》，臺北：三民書局，1995。

《昭明文選》，臺北：臺灣古籍出版社，2001。

《荀子集解》，臺北：藝文印書館，1994。

《孟子》，臺北：藝文印書館四書集註版，2007。

《後漢書》，臺北：商務印書館百衲本，1981。

《莊子》，臺北：藝文印書館，1957。

《淮南子》，臺北：藝文印書館日本古鈔卷子本，1974。

《國語》，臺北 ：三民書局，2004。

《隋書》，臺北：商務印書館百衲本，1981。

《漢書》，臺北：商務印書館百衲本，1981。

《論語》，臺北：藝文印書館四書集註版，2007。

《禮記》，臺北：藝文印書館十三經注疏版，1956。

《韓非子集解》，臺北：世界書局，1955。

王充，《論衡》，收入《四庫全書薈要，子部，第三二冊，雜家類》，臺北：世界書局，1987，頁263-614。

屈萬里，《周易集釋初稿》，收入《讀易三種》，臺北：聯經出版事業公司，1984。

屈萬里，《尚書集釋》，屈萬里先生全集之2。臺北：聯經出版事業公司。

屈萬里，《詩經詮釋》，屈萬里先生全集之5。臺北：聯經出版事業公司。

馬端臨，《文獻通考》，元泰定元年（1324）西湖書院刊後至元五年（1339）余謙修補本。

馬國翰，《玉函山房輯佚書》，清光緒九年（1883）長沙　嬛館補校刊本。

馬總，《意林》，臺北：藝文印書館，1965。

徐堅，《初學記》，臺北：鼎文出版社，1976。

涂宗流、劉祖信，《郭店楚簡先秦儒家佚書校釋》，臺北：萬卷樓圖書，2001。

許慎，《說文解字》，北京：中華書局，1963。

章學誠，《文史通義》，臺北：盤庚出版社，1978。

章學誠，《章氏遺書外編》，收入《章氏遺書》，臺北：漢聲出版社，1973，頁818-1354。

章學誠，《校讎通義》，收入《叢書集成新編・第三冊》，臺北：新文豐出版公司，1985，頁342-355。

近人論著

丁四新（2000）《郭店楚墓竹簡思想研究》，北京：東方出版社。

丁原植（2002）《楚簡儒家性情說研究》，臺北：萬卷樓出版。

方東美、陳榮捷等（1984）《中國人的心靈》，臺北：聯經出版社。

王蒝（2002）《禮記・樂記之道德形上學》，臺北：文史哲出版社。

王夢鷗（1976）《禮記校證》，臺北：藝文印書館。

甲凱（1995）《史學通論》，臺北：學生書局。

牟宗三（1989）《中國哲學十九講》，臺北：學生書局。

牟宗三（1990）《中西哲學之會通十四講》，臺北：學生書局。

朱自清（1983）《經典常談》，臺北：志文出版社。

成中英（1985）〈戰國時代的儒家思想及其發展〉，收入《中國上古史待定稿第
　　四本兩周篇之二：思想與文化》，臺北：中央研究院歷史語言研究所，頁
　　301-332。

李澤厚、劉綱紀（1986）《中國美學史》，臺北：里仁書局。

李國璽（2010）《秦漢之際陰陽五行政治思想源流研究》，國立臺灣大學哲學研究
　　所，博士學位論文。

余嘉錫（1974）《目錄學發微》，臺北：藝文印書館。

余嘉錫（1986）《古書通例》，臺北：丹青圖書有限公司。

周碧香（2006）《實用訓詁學》，臺北：洪葉文化。

徐復觀（1966）《中國藝術精神》，臺北：學生書局。

徐復觀（1988）《中國人性論史》，臺北：商務印書館。

胡應麟（1969）《四部正譌》，臺北：臺灣開明書店。

孫星群（2000）〈樂記研究百年回顧〉，《中國音樂》，4：7-10。

孫星群（2005）〈樂記成書於戰國中期的力證〉，《天津音樂學院學報》，3：
　　3-10。

唐君毅（1985）《哲學概論》，臺北：學生書局。

陳玉秀（1994）《雅樂舞的白話文》，臺北：萬卷樓圖書。

陳榮捷（1985）〈初期儒家〉，收入《中國上古史待定稿 第四本 兩周篇之二：思
　　想與文化》，臺北：中央研究院歷史語言研究所，頁199-274。

陳榮捷（1985）〈戰國道家〉，收入《中國上古史待定稿 第四本 兩周篇之二：思
　　想與文化》，臺北：中央研究院歷史語言研究所，頁369-432。

陳榮捷（1984）〈中國哲學之理論與實際－特論人本主義〉，收入《中國人的心
　　靈》，臺北：聯經出版社，頁1-20。

陳榮捷（1984）〈中國哲學史話〉，收入《中國人的心靈》，臺北：聯經出版社，頁21-66。

陳啓天（1985）〈法家述要〉，收入《中國上古史待定稿 第四本 兩周篇之二：思想與文化》，臺北：中央研究院歷史語言研究所，頁433-474。

陳垣（1996）《元典章校補釋例》，收入《叢書集成三編・第十八冊》，臺北：新文豐出版公司，頁365-418。

張舜徽（1983）《中國古籍校讀指導》，收入《中國古籍研究叢刊》，臺北：維明書局。

張心澂（1979）《僞書通考》，臺北：宏業書局。

梁啓超（1969）《古書眞僞及其年代》，臺北：臺灣中華書局。

郭沫若（1983）〈公孫尼子與其音樂理論〉，收入《樂記論辯》，北京：人民音樂出版社，頁1-5。

梁濤（2002）〈郭店楚簡與《中庸》公案〉，收入《郭店楚簡與早期儒學》〈第六章〉，臺北市：臺灣古籍出版社，頁85-113。

馮友蘭（1970）《中國哲學史》，香港：太平洋圖書公司影印本。

勞思光（1987）《新編中國哲學史》，臺北：三民書局。

傅斯年（2009）《詩經講義稿箋注》，北京：當代世界出版社。

傅斯年（1985）《性命古訓辨證》，臺北：新文豐出版公司。

楊蔭瀏（1997）《中國音樂美學史》，臺北：大鴻圖書。

楊蔭瀏（1985）《中國古代音樂史稿》，臺北：丹青圖書公司。

歐蘭香（1999）〈試論樂記的成書與內容特色〉，《徐州師範大學學報》，哲學社會科學版，4：144-146。

劉祖信、龍永芳（2005）《郭店楚簡綜覽》，臺北：萬卷樓圖書。

錢穆（1995）《國史大綱》，臺北：商務印書館。

顧史考（2006）《郭店楚簡先秦儒書宏微觀》，臺北：學生書局。

龍珲（2006）〈二十世紀樂記研究綜述〉，《黃鍾・武漢音樂學院學報》，2：61-69。

Kenny, Anthony (ed.) (2001) *The Oxford Illustrated History of Western Philosophy*. Oxford University Press.

Magee, Bryan (2000) *The Great Philosophers: An Introduction to Western Philosophy*. Oxford University Press.

Russell, Bertrand (2004) *History of Western Philosophy*. London: Routledge.

國家圖書館出版品預行編目資料

中國舞蹈哲學史：樂記篇與中國舞蹈理論之濫

觴／廖抱一著. ── 臺北市：五南, 2013.10

　　面；　　公分.

ISBN 978-957-11-7249-1（平裝）

1.樂記 2.舞蹈 3.研究考訂

531.27　　　　　　　　　102014925

1Y47

中國舞蹈哲學史
──樂記篇與中國舞蹈理論之濫觴

作　　　者 ─ 廖抱一（334.7）

發 行 人 ─ 楊榮川

編 編 輯 ─ 王翠華

主　　　編 ─ 陳姿穎

責任編輯 ─ 邱紫綾

封面設計 ─ 吳雅惠

出 版 者 ─ 五南圖書出版股份有限公司

地　　　址：106台北市大安區和平東路二段339號4樓

電　　　話：(02)2705-5066　　傳　真：(02)2706-6100

網　　　址：http://www.wunan.com.tw

電子郵件：wunan@wunan.com.tw

劃撥帳號：01068953

戶　　　名：五南圖書出版股份有限公司

台中市駐區辦公室/台中市中區中山路6號

電　　　話：(04)2223-0891　　傳　真：(04)2223-3549

高雄市駐區辦公室/高雄市新興區中山一路290號

電　　　話：(07)2358-702　　傳　真：(07)2350-236

法律顧問　林勝安律師事務所　林勝安律師

出版日期　2013年10月初版一刷

定　　　價　新臺幣250元